Redescubrir a los Santos

VEINTICINCO PREGUNTAS QUE CAMBIARÁN TU VIDA

MATTHEW KELLY

BLUE SPARROW
North Palm Beach, Florida

BLUE
sparrow

Redescubrir a los Santos

El *Primer Santo* fue escrito por el padre Bob Sherry
y adaptado para este volumen por el autor.

A menos que se indique lo contrario, los pasajes de las Escrituras
han sido tomados de la Versión Estándar Revisada, Edición Católica.
Copyright © 1946, 1952, 1971 por la División de Educación Cristiana
del Consejo Nacional de Iglesias de Cristo en los Estados Unidos.
Usado con permiso.
Todos los derechos reservados.

ISBN: 978-1-63582-112-3 (tapa dura)

Diseñado por Ashley Wirfel

Para más información visite:
www.MatthewKelly.com

10 9 8 7 6 5 4 3 2 1

PRIMERA EDICIÓN

Impreso en los Estados Unidos de América

Tabla de Contenidos

....

PRÓLOGO:
El Primer Santo

. . . .

DICEN QUE CUANDO sale el sol nunca se sabe cómo terminará un día, y tengo que decir que no podría haber imaginado cómo terminaron algunos de mis días, y en particular uno.

Nunca me sentí bien robando. Quebrantar la ley y lastimar a gente inocente no me produjo ninguna alegría, pero me imaginé que era ellos o yo. La cosa es que tenía mucha hambre, y el pan, el pescado o la carne estaban justo frente a mí. Sabía que si no los tomaba me moriría, y no iba a dejar que eso pasara. Supongo que todos tenemos ese instinto básico de supervivencia, pero la mayoría de las personas que juzgan a seres como yo nunca han estado al borde de la supervivencia. Eso genera desesperación, y la gente desesperada hace cosas desesperadas.

Así que hice lo que tenía que hacer. Me convertí en un ladrón.

Todo el mundo siempre estaba mejor que yo. Mi madre murió cuando yo tenía cuatro años, y mi padre me echó de la casa y tuve que valerme por mis propios medios a los cinco años, y desde ese día, robar comida se convirtió en una prioridad diaria. Yo quería vivir. Era joven, pero aun así sabía que estaba mal, y entonces me lo justificaba a mí mismo. «Tienen mucho; no se perderán ni un trozo de pescado». «No es una diferencia entre la vida y la muerte para ellos. Ellos vivirán, y yo también». Robar un pescado me llevó a robar dos. Entonces, un día vi un tazón de fruta increíble y lo robé. Comer fruta me hizo querer pan y vino y todas las cosas que comía la gente rica. Pero rápidamente descubrí que un hombre necesita algo más que comida. «¿No tengo derecho a un poco más?», me pregunté, y en poco tiempo estaba robando todo tipo de cosas: ropa, sandalias, una carreta.... incluso un burro. Resultó que yo era un buen ladrón.

Me dije a mí mismo que no haría esto siempre, pero nos decimos muchas cosas, ¿no? Pensé que algún día cambiaría y encontraría una manera de ganarme la vida honestamente. Pero una cosa lleva a la otra, y así es como pasaron los años.

Cuando tenía quince años empecé a pensar que si me estaba saliendo con la mía en una aldea, ¿por qué no mudarme a un pueblo más grande o incluso a una ciudad? Esto me hizo preguntarme qué tipo de cosas increíbles podrían ser en esos lugares, y unos meses después estaba en camino.

Cuando llegué al primer pueblo, un pensamiento cruzó mi mente. «Nadie me conoce aquí. Nadie sabe que soy un ladrón. Esta es mi oportunidad de empezar de nuevo». Pensé en conseguir un trabajo y ganarme la vida honestamente. Pero entonces las dudas comenzaron a llenar mi mente. «¿A quién quieres engañar? Lo único que sabes hacer es robar». Borré ese pensamiento de la cabeza y me dije: «Puedes ser bueno en otra cosa, algo respetable».

Pero más tarde esa noche mi estómago empezó a rugir. Había estado caminando todo el día y, una vez más, mi hambre se apoderó de mí. El sol se estaba poniendo y los comerciantes estaban empacando sus mercancías en el mercado, lo cual es un momento perfecto para robar porque no están prestando atención.

No pasó mucho tiempo antes de adquirir una reputación de ladrón como la que tenía en mi aldea natal. Fue entonces cuando decidí dirigirme a la gran ciudad. Algunos la llamaban Jerusalén y otros la llamaban la Ciudad de David. Cuando yo era más joven, le pregunté a un hombre en el mercado: «¿Quién es David y por qué la llaman su ciudad?». Pero él se rio de mí y retomó su conversación, murmurando: «¿Tus padres no te enseñaron nada?».

Quedé asombrado cuando llegué a Jerusalén. Nunca había visto nada igual. Había tanta gente y tantos comerciantes, y oficios en los que nunca había pensado. La gente pasaba toda su vida haciendo ollas o mesas, carretas o incluso linternas. Nunca había pensado realmente de dónde venían esas cosas, pero allí me di cuenta de que son personas de carne y hueso quienes las fabrican.

Una vez más este pensamiento invadió mi mente: «Nadie me conoce aquí. Nadie sabe que soy un ladrón. Esta es mi oportunidad de empezar de nuevo». Mi corazón se llenó de esperanza de que tal vez, solo tal vez, podría cambiar mi vida. Tenía algunas monedas, así que no tendría hambre esta noche; podría comprar comida como un hombre honesto. Esa noche me dormí soñando con lo bueno que sería no sentirme siempre ansioso de que me reconocieran y atraparan. «Toda mi vida he estado ansioso y asustado», pensé, y la idea de dejar todo eso atrás me hizo sentir ligero y feliz.

Al día siguiente fui a solicitar trabajo, primero como alfarero, luego como carpintero, y posteriormente en el lugar donde hacían linternas. Pero todos los capataces me echaron, diciendo que no tenía experiencia.

Sin embargo, mi esperanza seguía viva y aún tenía un poco de dinero, así que me compré algo de comida y me quedé dormido esperando una vida mejor.

Durante días pasé de un comerciante a otro pidiendo una oportunidad. «Haré lo que sea», les dije, pero ellos me echaban. No sabía nada de la pesca, ni de hacer vino, ni de cuidar animales. ¿Cómo podría hacerlo? «¡La vida no es justa!», comencé a pensar de nuevo para mis adentros.... Me había dicho esto toda mi vida.

Cada día me quedaban menos monedas en el bolso raído que había robado hace muchos años, y el miedo y la ansiedad comenzaron a invadir mi corazón. No pasó mucho tiempo antes de que volviera a hacer lo único que había conocido.

Recuerdo el primer día que volví a robar. Mi bolso estaba vacío y me sentía triste. Sabía lo que iba a hacer y lo que tenía que hacer para sobrevivir, pero no quería hacerlo. Mientras sentía lástima de mí, vi una multitud enorme. Mi instinto se activó; las multitudes son buenas para robar.

Abriéndome camino a través de la multitud buscando a alguien a quien dirigirme, me di cuenta de que estaban escuchando a uno de esos predicadores itinerantes. «El sol brilla sobre los justos y los injustos por igual», le oí decir. Palabras, palabras, palabras, solo palabras. En medio de mi cinismo pensé: «Suenan bien, pero ahora mismo el sol no brilla sobre mí».

Unos días después vi al mismo hombre, y escuché a alguien llamarlo como el hijo de David. Esta vez no había una multitud; solo un pequeño grupo de unos doce hombres, así que me acerqué un poco más y oí que uno de ellos le preguntaba: «Señor, si otro hombre me hace daño, ¿cuántas veces debo perdonarle?

¿Siete?».El predicador sonrió y dijo: «Sé que siete veces parece más que justo, incluso generoso. Pero te digo que debes perdonarlo setenta y siete veces». Los hombres reunidos a su alrededor quedaron asombrados. Yo también lo estaba, pero era porque sabía que las personas no eran así. Entonces empezó a hablar de su reino, un reino que no era de este mundo, donde la gente podía vivir para siempre. Nada de esto tenía sentido para mí, y entonces me fui.

Los días pasaron y de mala gana volví a hacer lo que tenía que hacer para sobrevivir, pero robar era más difícil que nunca. Mi corazón no estaba en ello. Anhelaba algo más, algo diferente, otra cosa. Anhelaba dormirme cada noche tan tranquilo y sin miedo como lo había hecho la primera noche en Jerusalén. Pero el miedo y la ansiedad de caer en la pobreza comenzaron a dominar mi corazón de nuevo.

La primavera siguiente la ciudad cobró vida de una manera que yo no había visto nunca. «Los peregrinos vienen para la celebración en el templo», oí a la gente decir. Una noche, mientras comía en mi posada favorita, oí a otro ladrón decir: «Durante el festival podré robar suficiente oro, plata y denarios para sostener a mi familia durante un año».

Una nueva esperanza comenzó a surgir en mí. Si pudiera conseguir un botín así, podría dejar de robar y tratar de encontrar otra vez algo respetable para hacer. Durante meses, podría dormir cada noche con una esperanza, como lo hice esa primera noche en Jerusalén.

Mientras la multitud se dirigía a la ciudad para las celebraciones, vi a un comerciante rico. Lo seguí por unos días, aprendí sus rutinas, y noté que tenía un cofre de monedas que abría cada mañana con una llave para sacar lo que necesitaba para el día.

Esperé con paciencia el momento adecuado. Tenía confianza

porque era un buen ladrón. Probablemente era la única cosa en la que había sido bueno. A la mañana siguiente, después de que el comerciante hubiera salido por el resto del día, me acerqué a su caravana. Ahí estaba el cofre. Me sentía mal por llevármelo, pero tenía que irme lo más rápido posible. Levanté el cofre y era mucho más pesado de lo que esperaba. Mi corazón se animó con la esperanza de que esta podría ser la última vez que tuviera que robar. Envolviendo el cofre en una vieja capa, lo metí bajo el brazo y me di vuelta para irme. El corazón cayó a mis pies. Tres soldados romanos me observaban desde allí, y ese fue el final de mi vida como ladrón. Me arrestaron y me metieron a la cárcel.

Pensé en mi vida mientras estuve allá. Me arrepentí, pero hice lo que tenía que hacer para sobrevivir. Había tratado de seguir un camino mejor, pero la vida puede ser muy cruel. En ese momento, levanté la vista y vi a uno de los guardias hablando con su hijo. Estaban sonriendo y riendo, y entonces el padre tomó a su hijo en sus brazos, lo abrazó y le despeinó el cabello.

Empecé a llorar. Me sorprendió mucho mi reacción; yo no había llorado desde que era un niño. Al principio no sabía por qué lloraba, pero luego un rayo de luz cruzó mi rostro y entonces lo supe. Nunca nadie me había hablado como ese padre le habló a su hijo. Nadie se había reído y sonreído conmigo como lo hizo el padre con su hijo. Nadie me había abrazado nunca como él abrazó a su hijo. Nadie me había tocado el pelo en toda mi vida como ese soldado tocó el pelo de su hijo. Y para colmo, todo parecía muy natural.

Pensé en mi vida y en lo diferente que era la vida de ese niño de la mía y me pregunté... Me pregunté muchas cosas...

Lo siguiente que supe es que los guardias me estaban despertando. Debí haberme quedado dormido. Había llegado la hora. Los romanos estaban crucificando a los ladrones y era mi turno.

Me llevaron a mí y a otro ladrón, Gestas, a una pequeña colina fuera de la ciudad para crucificarnos. Había oído hablar de este lugar y siempre lo había evitado, pero ahora no había manera de hacerlo.

Moriría como había vivido, ansioso y asustado. Ese pensamiento fue interrumpido por una conmoción. Era otro criminal y una multitud alborotada. Pero cuando lo miré de cerca me di cuenta de que era el hijo de David. «¿Qué hizo?», pensé para mis adentros.

Moriría como había vivido, anónimo e ignorado. Todos miraban al predicador; a nadie le importaba que yo estuviera a punto de morir. Había mujeres llorando y oí a alguien decir que una de ellas era la madre de este hombre. Por primera vez en mi vida me alegré de que mi madre estuviera muerta. No la habría querido aquí. Ninguna madre debería ver morir a su hijo.

Los soldados nos clavaron a cada uno en una cruz de madera. El dolor era insoportable. «¿Por qué los hombres son tan crueles entre sí?», pensé. Entonces el otro ladrón, Gestas, gritó: «Jesús, mírame». Había oído ese nombre. Él había estado haciendo milagros y la gente decía que Él era el Mesías. ¿Realmente lo era? ¿Qué había hecho para merecer esto? Como criminal, llegas a conocer a otros, y estaba claro para mí que este hombre, Jesús, no era un criminal.

El otro ladrón se burlaba de Jesús, se mofaba de Él, lo ridiculizaba, y algunos en la multitud se unieron a él. «Pensé que eras Cristo», dijo Gestas. «Si lo eres, entonces demuéstralo. Sálvate a ti mismo y mientras lo haces, sálvanos a nosotros».

Los guardias habían sido mucho más crueles con Jesús que conmigo, y pude ver que estaba agonizando. «¡Cállate, Gestas!», me encontré diciendo. «¿Qué mal ha hecho? Estamos recibiendo lo que merecemos, pero Él no ha hecho nada para merecer esto». En ese momento sentí que Jesús me miraba. Me sentía asfixiado, pero levanté los ojos, me encontré con los suyos, y Él me miró como si nadie lo hubiera hecho antes. Fue la primera vez en mi vida que sentí que alguien me veía de verdad. Y tenía una mirada en sus ojos que decía: «Todo va a salir bien».

Fue un momento como ningún otro en mi vida; era un hombre como ningún otro hombre que yo hubiera conocido o escuchado, y le dije: «Jesús, acuérdate de mí cuando vengas a tu reino».

Mientras me miraba, pensé que intentaba sonreír, y luego me dijo: «Te prometo que hoy estarás conmigo en el paraíso».

Hoy oigo a la gente llamarme San Dimas. Me pareció extraño la primera vez que lo escuché, pero Jesús, la muerte y la eternidad me han enseñado que los caminos de Dios son gloriosamente diferentes de los caminos del hombre.

Dicen que todo santo tiene un pasado y que todo pecador tiene un futuro. Si pudiera acercarme a ti y susurrarte algo al oído, sería esto: «Si hay trozos de tu pasado que te pesan, es hora de dejarlos atrás. No eres lo que te ha pasado. Eres alguien inimaginablemente más grande de lo que nunca has considerado, y tal vez es hora de considerar todas las posibilidades que hay dentro de ti».

CÓMO EMPEZAR:
Posibilidades Asombrosas

· · · · · · · · · · · · · · · · ·

SOMOS CAPACES de mucho más de lo que pensamos. No tienes idea de lo que eres capaz. Ninguno de nosotros lo hace. Dios está tratando de abrir constantemente nuestros ojos a las increíbles posibilidades que Él ha envuelto en nuestro ser. Los santos continúan esta obra, animándonos a explorar todo el potencial que Dios nos ha dado, no con discursos, sino con el ejemplo de sus vidas.

Cuando tenemos el valor de colaborar con Dios y perseguir a nuestro ser más verdadero, Él enciende un fuego dentro de nosotros que es tan brillante y cálido, que sigue brillando mucho después de que nuestros días en esta tierra han llegado a su fin. La vida de los santos ha cautivado a la gente de todas las épocas por esta misma razón.

Hay dos preguntas que confrontan a las personas de todas las épocas y lugares, preguntas que nos confrontan a ti y a mí en la actualidad: ¿estás satisfecho con la dirección en la que se mueve el mundo? ¿Estás satisfecho con tu vida?

Estas preguntas están siempre ante nosotros, dentro de nosotros, alrededor de nosotros. Son parte de nuestra búsqueda espiritual y de nuestra búsqueda humana. Estas preguntas permanecen en nuestras mentes cuando leemos las noticias de los acontecimientos en nuestro propio país y en todo el mundo. Hacen cosquillas en nuestras almas cuando presenciamos la batalla entre el bien y el mal, como quiera que se manifieste en nuestras propias vidas.

¿Estás satisfecho con la dirección en la que se mueve el mundo? Esta es una de las preguntas ineludibles de la vida, y cada uno de nosotros responde con acción apasionada o con indiferencia egoísta. Nuestra insatisfacción colectiva ante la dirección del mundo nos lleva al consenso de que el mundo necesita cambiar. Y, sin embargo, parecemos estar poseídos por la exasperación y paralizados por la falsa creencia de que no podemos hacer nada al respecto. Los santos disipan esa exasperación y nos inspiran a una acción audaz. Ellos nos lo recuerdan una y otra vez: nosotros podemos cambiar el mundo.

¿Qué necesita el mundo? Necesita momentos sagrados. Eso es todo. La solución suele ser más sencilla de lo que imaginamos. La historia es una colección de momentos santos y de momentos profanos. Nuestro deseo de ver el mundo cambiar es un deseo de ver los momentos santos más que los impíos.

Un momento santo es un momento en el que te pones completamente a disposición de Dios. Dejas a un lado tus propios intereses, dejas a un lado lo que quieres hacer o lo que sientes que quieres hacer, y por ese momento haces exactamente lo que sientes que Dios te está llamando a hacer. Los santos fueron maestros en tomar los eventos ordinarios y cotidianos de la vida y convertirlos en momentos santos.

El error más grande que podemos cometer cuando se trata

de los santos es pensar que son diferentes. Nuestro deseo de ponerlos en pedestales y venerarlos está impulsado por motivos positivos y negativos. Por un lado, queremos celebrar su bondad; por otro lado, queremos diferenciarlos como distintos porque hacer esto nos absuelve de nuestra responsabilidad de vivir con tanta audacia y pasión como lo hicieron ellos. Pero la verdad radiante y hermosa es que tú eres tan capaz de colaborar con Dios para crear momentos santos como lo hicieron los santos.

Otro error que podemos cometer es perdernos en nuestra búsqueda de imitar a los santos. El mundo no necesita otro Francisco de Asís, Madre Teresa, Ignacio de Loyola o Teresa de Lisieux. El mundo te necesita a ti. El mundo necesita la mejor versión de ti, plenamente vivo y colaborando con Dios todos los días para crear tantos momentos santos como sea posible.

Escribir un libro sobre los santos ha sido una tarea abrumadora. Ya hay muchos libros, y no vi ningún sentido en escribir otra colección de breves biografías de santos. Hay docenas de esos tipos de libros. Así que no encontrarás eso aquí. Quería hacer algo único. Espero que te alimente, te anime, te desafíe y te inspire a vivir la vida de maneras nuevas y emocionantes. Y si un santo en particular toca tu corazón y captura tu imaginación, espero que profundices en la vida de ese santo leyendo sus escritos o una biografía de su vida.

Los santos son grandes maestros, principalmente porque enseñan con sus acciones más que con sus palabras. Sus vidas plantean preguntas sobre nuestras vidas, y cuando reflexionamos sobre esas preguntas, comienzan a desplegarse asombrosas posibilidades adentro y alrededor de nosotros.

Los santos siempre están ahí, girando a nuestro alrededor. Se cruzan con nuestras vidas en momentos inesperados de una manera igualmente inesperada, pero siempre vienen con una pregunta o una respuesta, y a veces con ambas. Los santos nos enseñan, nos animan, nos desafían y nos inspiran. Ojalá tuviera más amigos como ellos.

Los santos nos muestran lo que es posible, y lo que es posible es asombroso. Eres capaz de hacer cosas increíbles. No tengas miedo de abrazarte a ti mismo. Cuanto más lo hagas, más lo harán otros también. No tengas miedo de las posibilidades. Siempre hay muchas más que las que ves. Tómate tu tiempo para reflexionar. Mira con mayor profundidad. Busca las oportunidades ocultas que has pasado por alto a primera vista. Las posibilidades abundan. Tú y yo somos seres humanos, y podemos hacer cosas increíbles.

Habrá una alegría fabulosa en la travesía, así como un dolor desgarrador. Debes desconfiar de cualquiera que te ofrezca un camino fácil. La vida es difícil y complicada; no tiene sentido tratar de enmascarar eso o de fingir lo contrario. Pero cada situación con la que te encuentras necesita una cosa: un momento santo.

Nos subestimamos, pero Dios nunca lo hace. Él sabe exactamente de lo que eres capaz si colaboras con Él. Permite que Dios levante al santo que hay en ti. Esto es lo que tu rincón del mundo necesita en este instante.

1. AGUSTÍN:
Tú Tienes Un Futuro

· · · · · · · · · · · · · · · · · ·

¿Qué es lo que crees acerca de tu pasado que te mantiene alejado de tu futuro?

«CADA SANTO tiene un pasado y cada pecador tiene un futuro». Esta es una observación de Oscar Wilde. Dondequiera que estés en tu viaje, dondequiera que hayas estado y lo que hayas hecho, las vidas de santos como Agustín nos recuerdan que Dios nunca se da por vencido con respecto a nosotros, incluso si a veces nos damos por vencidos con nosotros o con respecto a Él.

Agustín se había entregado a casi todos los placeres y ambiciones que este mundo tiene para ofrecer, pero todos le dejaron insatisfecho. Sus propias palabras resumen su viaje y su destino en una sola línea: «Nuestros corazones están inquietos, Señor, hasta que descansen en ti».

Todos tenemos un corazón inquieto. ¿Cuántas veces hemos caído en la trampa de pensar que las cosas de este mundo son más importantes de lo que son? ¿Cuántas veces hemos creído errónea-mente que ciertas cosas, placeres o experiencias nos harían felices por más tiempo de lo que nos hicieron serlo? Todos hemos cometido estos errores, y, sin embargo, Dios nos espera como un padre paciente.

A lo largo de la Biblia leemos historias poderosas que contienen invitaciones implacables para volver a Dios. La mayoría de nosotros no lo hemos abandonado del todo, pero lo hemos abandonado en un área de nuestras vidas. ¿En qué área de tu vida has abandonado a Dios? ¿Y por qué? ¿Alguna parte de tu vida te parece desesperada? ¿Has intentado una y otra vez volver a Dios en esa área y has fracasado? ¿Te avergüenzas de ese aspecto de tu vida? ¿O hay algo más en tu pasado que te está frenando?

Agustín y muchos de los santos son grandes faros de esperanza para las personas comunes y corrientes como tú y yo. Miro a Agustín y saco esperanzas y fuerza de su historia. Pienso: «Si él puede cambiar todo, seguramente Dios trabajará conmigo para cambiar mi vida».

Sí, tal vez ha habido momentos en nuestras vidas en los que intentamos con todas nuestras fuerzas superar un hábito autodestructivo y fracasamos. Tal vez no estábamos listos, nuestros corazones no estaban realmente en ello, o simplemente no era el momento.

Hoy es un nuevo día, y cada momento es una oportunidad para darle la vuelta a todo. Imagina ese momento cuando Agustín se rindió finalmente. Cansado de las promesas incumplidas del mundo, vacías en su corazón y en su alma, finalmente se volvió hacia Dios. En ese momento Agustín dio un giro a su vida. Probablemente no reconoció lo importante que era, y no podría haberlo hecho sin la ayuda de Dios, pero ese fue un momento asombroso.

Todos tenemos momentos así en nuestras vidas, quizás no tan dramáticos como los de Agustín, pero todos tenemos puntos de inflexión. ¿Necesitas uno ahora? Este podría ser el comienzo de una nueva temporada de gracia en tu vida. Espero que lo sea. Rezo para que así sea. Y de alguna manera, en algún lugar, Agustín también espera y reza por ti. Él ha experimentado el desaliento y el vacío del mundo y ha experimentado el increíble amor de Dios, y anhela que tú también lo experimentes, ahora más que nunca.

· · · · · · · · · · · · · · · · · ·

PADRE AMOROSO,
Ayúdanos a saber en lo más profundo de nuestro corazón que Tú estás dispuesto a eliminar hoy cualquier obstáculo que hayamos puesto entre nosotros y Tú en el pasado. Abre nuestros corazones, mentes y almas para ver el futuro que has imaginado para nosotros, y danos el valor de abrazar Tus planes, aunque nos sintamos incompetentes e inseguros.
Amén.

2. WALTER:

Un Amor Abrumador

. . . .

¿Alguna vez te has permitido descansar en el amor de Dios?

DIOS TE AMA. Esta afirmación es considerada como estereo-tipada y trillada por la cultura en general, y, sin embargo, es una de las verdades más grandes de la experiencia humana. No estoy seguro de lo que eso dice sobre nosotros o sobre una sociedad que menosprecia verdades tan profundas.

Todos tenemos diferentes experiencias de Dios y de su amor, y en cada experiencia personal hay significados y misterios que se desarrollan a lo largo de nuestras vidas.

Siempre he creído que Dios me ama. No estoy seguro de por qué. No recuerdo que nadie me dijera esto cuando era niño, pero lo he creído desde que tengo memoria. Algunas personas dicen que nuestras experiencias con nuestros padres biológicos influyen en la manera en que vemos a Dios. Mi propio padre era un buen hombre y yo crecí con su amor y cuidados, así que tal vez esto tenga algo que ver con ello.

Pero si yo tenía alguna duda sobre el amor de Dios por mí, se desvanecieron rápidamente cuando nació mi primer hijo, Walter Patrick, llamado así por sus bisabuelos paterno y materno. Las primeras semanas después de su nacimiento fueron una época espiritual increíblemente poderosa para mí. Me sentí estremecido. Recuerdo haber pensado una y otra vez: «Si puedo amar tanto a mi hijo, y soy débil y roto, imperfecto y limitado, imagínate cuánto nos ama Dios». Mi amor imperfecto me dio una visión profunda del amor de Dios.

¿Alguna vez te has permitido descansar en el amor de Dios? Durante esas semanas después del nacimiento de Walter, acudía a mi tiempo de oración, me sentaba allí y me bañaba en el amor de Dios. Dejarnos ir y permitirnos descansar en el amor de Dios es quizá lo que Jesús tenía en mente cuando dijo: «Vengan a mí todos los que están afligidos y agobiados, y yo los aliviaré» (Mateo 11:28).

Inténtalo hoy. Encuentra un lugar tranquilo y siéntate con Dios. Cierra los ojos. Respira profundo unas cuantas veces. Exhala todo el estrés y la ansiedad de tu vida. Respira el oxígeno vivificante de Dios. Piensa en los momentos de tu vida en los que has amado profundamente a alguien. Reflexiona sobre la intensidad de tu amor por esa persona a pesar de tus muchas limitaciones. Consideremos ahora el misterio del amor de Dios, infinito y perfecto. Trata de imaginarlo, aunque seamos incapaces de comprenderlo plenamente. Una vez que hayas meditado en el misterio por unos momentos, pídele a Dios que te deje descansar en Su amor.

Algunos de nosotros nos sentimos atraídos a relacionarnos con Dios al principio de nuestra vida, otros al final de ella, y otros más a lo largo del camino. Este es otro de los misterios de la vida. San Walter de Serviliano nació en Roma y quedó fascinado con el estudio de Dios en su juventud. Más tarde se convirtió en monje benedictino y fundó un monasterio en Italia.

¿Fuiste atraído a una relación con Dios al principio o al final de tu vida? ¿Te sientes llamado a una conexión más profunda con Él ahora mismo? Tal vez este sea un momento especial de gracia para ti.

Así que, donde quiera que estés hoy, te invito a abrirte un poco más a Dios pidiéndole que te muestre el poder de Su amor. «Pidan y se les dará; busquen y encontrarán; llamen y se les abrirá. Porque todo el que pide, recibe; el que busca, encuentra; y al que llama, se le abrirá» (Mateo 7:7-8).

. . . .

PADRE DE TODA LA CREACIÓN,
Muéstranos el poder de tu amor en formas nuevas y especiales. Abre nuestros corazones y mentes para recibir Tu amor de todas las maneras que quieras compartirlo con nosotros. Y permite que Tu amor fluya a través de nosotros hacia los demás, para que al conocernos ellos puedan conocerte a Ti y a Tu amor un poco más.
Amén.

3. IRENEO:

Totalmente Vivo

. . . .

¿Cuándo fue la última vez que te sentiste completamente vivo?

«LA GLORIA DE DIOS es el hombre plenamente vivo». Algunas palabras e ideas son tan poderosas que te cambian incluso cuando las lees. Esta cita, que se atribuye a San Ireneo, tuvo ese efecto en mí la primera vez que la leí, cuando tenía quince años.

La religión y Dios a menudo son acusados de tratar de limitar a la gente, cuando en realidad buscan sacar lo mejor de nosotros. «De nosotros» porque Dios ya ha puesto dentro de nosotros un yo que es bueno. A menudo se acusa a Dios y a la religión de tratar de imponer cosas a las personas, pero la realidad es todo lo contrario. Dios anhela una relación dinámica con cada uno de Sus hijos, y a través de esa relación busca sacar la mejor versión de nosotros mismos.

Dios está interesado no solo en nuestras actividades espirituales, sino en todos los aspectos de nuestras vidas. Él está interesado no solo en nuestro ser espiritual, sino en todo nuestro ser: físico, emocional, intelectual y espiritual.

Una de las razones por las que la cita de Ireneo me impresionó tanto cuando la escuché por primera vez es porque podría haber sido escrita ayer o por un obispo en el siglo segundo. Una de las razones por las que sigue fascinándome y resonando conmigo es porque el lenguaje tiene una tendencia a invitar y unir o a alienar y dividir. Las palabras de Ireneo son una hermosa invitación.

Dios no se detiene en el camino y nos llama para que nos pongamos al día. Él nos encuentra donde estamos y nos lleva paso a paso a lo que nos llama a ser.

Jesús se encontraba constantemente con las personas allí donde estuvieran, tanto física como espiritualmente. Acudió a las personas, las encontró en su hambre, ceguera, desamparo y enfermedad. Las dolencias que Jesús les curó a todos tienen manifestaciones físicas y espirituales. A veces tenemos hambre física y a veces espiritual. Algunas personas están físicamente sin hogar; otras lo están espiritualmente. La ceguera física es relativamente poco común, pero todos sufrimos de ceguera espiritual. Y, por supuesto, todos sufrimos de una variedad de enfermedades tanto físicas como espirituales a lo largo de nuestras vidas.

Las manifestaciones físicas de cada una de estas dolencias son casi imposibles de ignorar, mientras que las manifestaciones espirituales a menudo requieren una gran conciencia para ser descubiertas. Este es uno de los misterios de la vida. Es muy fácil pasar por alto aquello que es más importante.

«La gloria de Dios es el hombre plenamente vivo» es una invitación a vivir la vida al máximo y hace eco de las palabras de Jesús: «Yo he venido para que tengan vida y la tengan en abundancia» (Juan 10:10).

¿De dónde proviene esta vida? ¿Cómo podemos vivir la vida al máximo? Solo porque Dios ha puesto Su vida dentro de nosotros, y esa vida es preciosa. Cuando desperdiciamos el tiempo, abusamos de ese precioso regalo. Cuando evitamos lo que claramente sabemos que debemos hacer, estamos suprimiendo algún aspecto de la vida de Dios dentro de nosotros. Jesús nos dice: «El Reino de Dios ya está entre vosotros» (Lucas 17:21), y yo asumo que Dios está en Su reino.

Un hombre completamente vivo. Una mujer completamente viva. Tú completamente vivo. Qué idea tan hermosa. Imagina cómo sería la vida si estuvieras prosperando física, emocional, intelectual y espiritualmente. ¿Estás completamente vivo? ¿Estás viviendo la vida al máximo? ¿Qué obstáculos te impiden estar plenamente vivo y vivir la vida al máximo? ¿Pretendes que no sabes lo que son? ¿Crees que esos obstáculos pueden ser superados? ¿Qué tendría que cambiar para que estés completamente vivo?

Las enseñanzas de Jesús nos invitan constantemente a experimentar la vida con mayor plenitud. Los santos son amigos que nos recuerdan esa invitación y nos animan con su ejemplo a abrazar la vida con mayor plenitud. Y en todo lugar y momento, su ejemplo ha sido siempre un maestro mucho más poderoso que los discursos y los libros.

. . . .

PADRE DE TODA VIDA,
Enséñanos a vivir la vida al máximo. Danos el valor de elegir la mejor versión de nosotros mismos en cada momento de nuestros días. Y permite que nuestra amistad y ejemplo lleven a otros a experimentar lo que significa estar plenamente vivos.
Amén.

4. BENITO:
Rutinas Diarias Que Dan Vida

. . . .

¿Tus rutinas diarias te revigorizan?

POCAS COSAS nos producen tanta felicidad como las rutinas diarias profundamente arraigadas. Hay algo acerca de las rutinas y los rituales saludables que lleva a la persona humana a florecer.

Esto es algo con lo que siempre he luchado. Crear rutinas fuertes alrededor del sueño, la oración, el trabajo, la dieta, el ejercicio y la comunión con los amigos y la familia no es algo que me resulte fácil. Tal vez no sea fácil para nadie. Durante mucho tiempo culpé a mi vida en la carretera, con todas sus irregularidades. Pero aunque admito que viajar presenta desafíos únicos para estas rutinas que dan vida, a medida que envejezco me doy cuenta de que lo que necesito es esforzarme más y sacar menos excusas.

El mensaje de lo importante que son las rutinas diarias me ha sido transmitido con mucha fuerza en varias ocasiones a lo largo de mi vida. Cuatro de ellas se destacan como particularmente importantes. La primera fue cuando empecé a desarrollar una rutina diaria de oración durante mi adolescencia. Estar diez minutos en la iglesia cada día enfocó poderosamente mis días y los ancló en aquello que es más importante.

La segunda fue después de unos años en la carretera, que me había hecho enfermar y cansarme. Al retirarme a las montañas de Austria, descubrí una vez más lo importante que son las rutinas diarias ordinarias y sencillas tanto para nuestra salud como para nuestra santidad. Salí de esa experiencia y escribí El ritmo de la vida, que es un recordatorio constante de lo importante que es mantener un ritmo saludable y, sin embargo, de lo fácil que es perder ese ritmo. Pero la lección más profunda fue lo fácil que es perder ese ritmo haciendo cosas buenas y buscando grandes oportunidades.

La tercera vez fue durante la investigación que dio origen a Los cuatro signos de un católico dinámico. Esta investigación formaría en última instancia la base del trabajo que está haciendo Dynamic Catholic. La primera señal es una rutina diaria de oración, y el poder que tiene para calmar y dirigir la vida de millones de personas es obvio y asombroso.

Finalmente, mi cuarto encuentro con el poder de las rutinas diarias fue durante una visita a Montecassino, un monasterio en las montañas del sur de Italia fundado por San Benito. Como preparación para mi visita, había profundizado en la vida y los escritos de este santo. Esto me condujo rápidamente a su obra maestra, La regla de San Benito, que se convirtió en el documento fundacional de miles de comunidades religiosas desde la Edad Media hasta los tiempos modernos. Este libro es una forma de vida presentada en setenta y tres capítulos cortos que contienen ideas espirituales sobre cómo vivir una vida centrada en Cristo. También contiene una importante guía práctica y administrativa para los monjes y para toda la comunidad acerca de cómo dirigir un monasterio.

El precepto central de la obra es la máxima ora et labora, que en latín significa ora y trabaja. Los monjes dedican ocho horas diarias a la oración, ocho al trabajo y ocho a dormir. Estas rutinas y rituales dadoras de vida crean un ritmo poderoso en sus vidas.

¿Tienes rutinas y ritmos poderosos que fundamentan los días de tu vida en la salud, la felicidad y la santidad? Menciono las tres porque creo que están estrechamente relacionadas.

Toda la vida me han fascinado los hombres y mujeres que han tenido éxito en todos los campos de la excelencia humana. He estudiado sus vidas y siempre se hace evidente que cada uno tiene su propia «regla de vida».

Cada uno de ellos tiene sólidos rituales y rutinas diarias que permiten que su genio fluya y florezca. Es una lección poderosa, e incluso mientras estoy aquí sentado escribiendo, sé que es una lección que necesito aprender de nuevo.

Por estos días, esta lección está siempre presente en la vida de mis hijos. Prosperan en la rutina. Si interrumpes esa rutina o se la quitas por completo, ellos se sentirán perdidos. Cuando las rutinas de los niños se interrumpen, a menudo se comportan mal, y es fácil centrarse en ello. Pero lo que realmente nos están diciendo es que están perdidos, que les hemos quitado los cimientos de sus días y semanas, y ahora están confundidos y desorientados.

San Benito comprendió el poder de las rutinas y los rituales diarios, y Dios colaboró con él para llevar esta sabiduría a lo más profundo de la vida de la Iglesia.

Jesús nos recuerda una y otra vez que todos somos niños, y sin rutinas diarias profundamente arraigadas que nos dan vida, nos desorientamos y perdemos de vista aquello que es más importante. Cada aspecto de las enseñanzas de Jesús nos anima a reconocer las pocas cosas que son realmente importantes y a dar prioridad a esas cosas en nuestras vidas.

· · · · · · · · · · · · · · · · · ·

PADRE AMOROSO,

Las mareas entran y salen a un ritmo, nuestros corazones bombean sangre a través de nuestros cuerpos a un ritmo, y el sol sale y se pone a un ritmo. Ayúdame a reconocer el genio del ritmo en todo lo que has creado y a establecer ese ritmo en los días de mi vida celebrando sólidas rutinas y rituales diarios.

Amén.

5. TERESA OF ÁVILA:

La Primera Rutina

....

¿Alguna vez te han enseñado a rezar?

MUCHAS DE LAS mujeres más asombrosas de la historia son santas católicas. Teresa de Ávila es solo un ejemplo de ellas. Vivió en el siglo dieciséis en un monasterio de clausura, pero su influencia en todo el mundo es tan grande que es imposible calcularla. Era una monja carmelita, escritora, reformadora y mística.

Un místico es una persona que se esfuerza por unirse completamente con Dios a través de la oración y la entrega de sí mismo. A menudo tiene experiencias místicas, las cuales podrían incluir tener visiones o escuchar la voz de Dios. Estas experiencias son consideradas por la mayoría de las personas como extraordinarias, aunque muchos místicos las han considerado como una consecuencia natural de nuestra apertura a Dios.

Teresa de Ávila fue una de las más grandes místicas que hayan existido, y, sin embargo, fue increíblemente práctica. A veces podemos pensar que los místicos son personas de otro mundo o que viven con la cabeza en las nubes, y aunque Teresa tuvo experiencias místicas asombrosas, siempre fue muy consciente de esta vida y de este mundo, así como de las dificultades que enfrenta la gente común y corriente.

Escribió sobre temas como la comodidad y la preocupación, cómo nos afectan estas cosas y la manera de lidiar con ellas. Sobre el tema de la comodidad escribió: «Nuestro cuerpo tiene este defecto que, cuanto más cuidados y comodidades recibe, más necesidades y deseos encuentra». Cuando yo estaba creciendo, no teníamos aire acondicionado ni calefacción en nuestra casa ni en la escuela. Algunos días teníamos calor y en otros sentíamos frío, pero la pasamos bien. Hoy me he acostumbrado tanto a estas comodidades que parece que no puedo vivir sin ellas.

Tenemos más comodidad que en ningún otro momento de la historia y, sin embargo, anhelamos más. Teresa tenía esta conciencia hace cinco siglos, trescientos años antes de que se inventara la plomería y la electricidad en ambientes interiores.

Sabemos que Teresa sufrió una crueldad significativa a manos de otras personas. Muchos estaban celosos de sus dones y la despreciaban debido a la envidia. Otros se opusieron a su trabajo de reformar el monasterio carmelita por interés propio o por pereza. Y aunque ella tenía una relación asombrosa con Dios, es claro que luchó con la preocupación.

Cuando murió, encontraron un separador muy antiguo hecho a mano en su libro de oraciones, que solía llevar consigo a todas partes. Teresa había escrito en él: «Nada te turbe, nada te espante, todo se pasa, Dios no se muda; la paciencia todo lo alcanza; quien a Dios tiene nada le falta. Solo Dios basta».

Alguien que no se preocupe no escribiría algo así. Alguien que no tenga miedo no mantendría esas palabras tan cerca todo el tiempo.

La asombrosa conciencia espiritual de Teresa de Ávila, combinada con su atención a las cosas prácticas de la vida, me han fascinado desde que ella entró a mi vida hace unos treinta años. Ella me enseñó a rezar. A mediados de la adolescencia, yo ya sabía cómo decir el Padrenuestro y el Ave María. Conocía muchas oraciones, pero nadie me había enseñado nunca a rezar con el corazón. Nadie me había enseñado nunca a hablar con Dios como con un amigo. Teresa de Ávila me enseñó a tener una conversación con Dios como si Él estuviera sentado frente a mí.

Este tipo de oración íntima se conoce comúnmente como oración mental. Teresa me animó a través de sus escritos a no orar nunca sin un libro espiritual. Ella me enseñó a hablar con Dios como lo haría con un amigo, comenzando por compartir lo que está sucediendo en mi día o algo que está en mi mente. Me enseñó que las distracciones son una parte inevitable de la oración. Ella me enseñó a regresar a mi conversación de oración con Dios en el momento en que me dé cuenta de que me he distraído. Ella me enseñó a recurrir al libro espiritual que he traído conmigo para orar si me quedo sin cosas que discutir con Dios o si me encuentro distraído. Ella me enseñó a leer algunos párrafos hasta que algo que estoy leyendo desencadene una nueva conversación con Dios.

Teresa de Ávila me enseñó a rezar. Y me enseñó que este tipo de oración es una forma poderosa de contemplación. Ella me enseñó a rezar a través de sus propias experiencias y escritos, y siempre estaré agradecido.

Nada cambiará la vida de una persona como aprender a rezar realmente. Es una de las lecciones más poderosas de la vida. Y, sin embargo, de manera sorprendente, no enseñamos a la gente cómo hablar con Dios. No les enseñamos a orar con el corazón de una manera profundamente personal. Es una de las áreas de singular importancia donde nos hemos quedado cortos como Iglesia.

Enseñar a la gente a rezar es fundamental para nuestra misión como cristianos. Todo lo bueno que anhelamos será fruto de la oración. Cualquier esperanza importante que tengamos para nosotros mismos, nuestros hijos, nuestras familias y el mundo será el resultado de una reacción en cadena desencadenada por la oración. La oración pone en movimiento un efecto dominó de bondad.

Sin la oración no hay nada.

Este es un tiempo increíblemente turbulento en la Iglesia, y la gente a menudo me pregunta cómo podemos forjar un camino hacia adelante como pueblo de Dios. La única forma de avanzar es ir hacia adelante. Lo que quiero decir es que tenemos que dejar de hablar de ello y empezar a actuar en consecuencia, no con políticas y procedimientos (aunque estos ciertamente tienen su lugar), sino creando un momento santo a la vez. Así es como creamos un camino hacia adelante. ¿Y cómo reuniremos la gracia y el coraje necesarios para crear estos momentos santos? Con oración. Toda acción que valga la pena comienza con la oración.

Yo estaba seguro de muchas cosas cuando era joven. Cuanto más viejo me vuelvo, menos seguro estoy, pero estoy absolutamente seguro de esto cuando se trata del futuro de la Iglesia Católica. Si no enseñamos a la gente a rezar, nada cambiará. Es hora de que seamos de nuevo un pueblo espiritual.

Sean jóvenes o viejos, educados o no, ricos o pobres, sanos o enfermos, todos los santos tienen una cosa en común: la oración tiene un lugar central en sus vidas. Ellos tuvieron amistades asombrosas con Dios porque eran hombres y mujeres de oración.

Si no haces nada más con tu vida, desarrolla entonces una

amistad asombrosa con Dios. Conviértete en un hombre o en una mujer de oración. Esta amistad cambiará la manera en que te ves a ti mismo y al mundo. Esto reorganizará tus prioridades, como siempre lo hace el amor. Te dará claridad y una alegría que nadie puede quitarte.

Aprendemos a vivir profundamente al rezar profundamente. Encuentra ese lugar dentro de ti donde puedas conectarte con Dios, y comienza a pasar tiempo allí todos los días. Encuentra ese lugar dentro de ti donde puedas descubrir más y más sobre la mejor versión de ti. Haz de tu tiempo de oración un tema sagrado en tu agenda. Haz que no sea negociable.

Las rutinas diarias fuertes dan vida, y la oración es la primera de ellas.

. . . .

PADRE,

Gracias por todas las maneras en que me bendices, a las que conozco y a todas las que aún no conozco. Las Escrituras me muestran que desde el principio has deseado la amistad con la humanidad. Ayúdame a saber y creer que así como Tú anhelabas la amistad con Adán y Eva; Abraham, Moisés y Noé; Rut, Ester, Raquel y María; Tú deseas una amistad poderosa conmigo. Dame la sabiduría para hacer de la oración una prioridad en mi vida y para que juntos podamos propiciar una hermosa amistad.

Amén.

6. IGNACIO:

Inteligencia Emocional

....

¿Eres una persona emocionalmente inteligente?

SI REALMENTE queremos entender lo que está sucediendo en el mundo que nos rodea, primero tenemos que explorar lo que está sucediendo dentro de nosotros.

Conocí a Ignacio de Loyola en la Universidad de Georgetown durante mi tercera visita a Estados Unidos. Hasta entonces, había oído su nombre de pasada, pero nunca había profundizado en su vida ni en su labor. Me invitaron a hablar y a cenar con un grupo de jesuitas, y escuchar sus historias despertó mi interés y empecé a leer los *Ejercicios espirituales* de Ignacio.

Dos días después me encontraba en Nueva York para lo que sería una de las reuniones editoriales más importantes de mi vida. Sentado en el desayuno con vista al Central Park, estaba leyendo a Ignacio cuando John F. Kennedy Jr. se sentó a mi lado. Estábamos solos y me preguntó qué estaba leyendo. Me di cuenta de que estaba sorprendido y con curiosidad. Hablamos unos minutos y luego me fui a mi reunión. El mundo entero estaba a sus pies, pero cuatro años más tarde murió a los cuarenta y seis años.

Lo que me impactó casi de inmediato de los escritos de Ignacio fue su sintonía con nuestra humanidad. Confinado en su cama durante meses mientras se recuperaba de las heridas de una guerra, se vio obligado a ver quién era como hombre y las decisiones que había tomado. Durante el transcurso de esas largas semanas y meses de recuperación, evaluó su vida y llegó a la conclusión de que no estaba alcanzando el potencial que Dios le había dado, y que estaba siendo llamado a algo más, aunque no tenía ni idea de qué se trataba. Eso sería suficiente para muchos, pero Ignacio fue más allá. Exploró por qué había tomado las decisiones que había tomado, y cuáles eran sus motivos para hacer las cosas que había decidido hacer. Esto lo condujo a un nuevo nivel de conciencia, y es esta conciencia en constante expansión la que se convirtió en uno de los dones perdurables de los *Ejercicios espirituales*.

En los últimos años se ha vuelto popular hablar del concepto de inteligencia emocional (IE), en gran parte porque está desapareciendo de nuestra cultura a un ritmo alarmante. Gran parte de la cultura moderna promueve una inconsciencia que paraliza, y no la conciencia vibrante que Dios quiere que vivamos en cada momento.

La IE es una conciencia de lo que está sucediendo dentro de nosotros y de lo que otros están experimentando a nuestro alrededor. Podría ser algo tan simple como darte cuenta de que tu estado de ánimo está un poco descontrolado, tal vez porque no has dormido lo suficiente, y en consecuencia estás más impaciente de lo habitual. Otro ejemplo sencillo es que estás cenando con otras personas y notas que el vaso de alguien está vacío, así que le ofreces otro trago. La inteligencia emocional no es solo una conciencia de lo que está sucediendo adentro y alrededor de nosotros; es en última instancia una conciencia de lo que está sucediendo dentro de las personas que nos rodean, y de cómo lo que hacemos y decimos les afecta.

¿Te das cuenta cuando alguien está más feliz o más triste de lo normal? Hay algunas personas que vemos todos los días. ¿Puedes saber si sus espíritus parecen más ligeros o más pesados de lo normal?

Creo que San Ignacio es el padre de la inteligencia emocional. Era un genio; todavía no hemos comprendido plenamente su contribución a la humanidad. Hay algunas personas que lo han dilucidado por sí mismas, pero tenemos mucho trabajo que hacer para dilucidarlo para aquellos que no están llamados a estudiarlo intensamente.

Cuando leí por primera vez los *Ejercicios espirituales*, me llamó la atención el alto factor de IE en el contenido. Acostado en su cama, Ignacio se puso en contacto con su ser emocional de una manera que la mayoría de las personas nunca lo hace. Como resultado, fue capaz de reconocer al Espíritu entrar en su interior de maneras muy sutiles. Descubrió que una de las muchas maneras en que Dios nos habla es a través de nuestros estados de ánimo y emociones.

Ignacio dejó un increíble legado multifacético, pero la joya de la corona de ese legado son los *Ejercicios espirituales*. Mi amistad con Ignacio abarca ya más de dos décadas. Durante los primeros cinco o seis años hice mi retiro anual en un centro de retiro ignaciano con un director espiritual ignaciano. Él me ayudó a profundizar en los *Ejercicios espirituales*.

Hice uno de mis retiros en un centro en Wernersville, Pensilvania. En esa época, yo estaba leyendo *He Leadeth Me (El me guía)*, de Walter Ciszek. En él, Ciszek explica la espiritualidad que lo mantuvo vivo, agradecido y enfocado en servir a los demás en lugar de morir de autocompasión durante sus veinte años que estuvo preso en Rusia. Su crimen: ser sacerdote católico. Al comienzo del retiro, mi director espiritual me preguntó:

«¿Qué piensas leer durante el retiro de este año?». Se lo dije y sonrió. «¿Sabías que el padre Ciszek está enterrado aquí en el centro de retiros?». Yo no lo sabía. Fue uno de esos momentos que te dan escalofríos en la columna vertebral. Los santos siempre están a nuestro alrededor. Al día siguiente caminé hasta su tumba y pasé un tiempo allí en oración y reflexión.

La espiritualidad de San Ignacio de Loyola transformó la vida de Walter Ciszek y lo inspiró a ir a Rusia como sacerdote misionero. Ciszek podría ser declarado santo en poco tiempo, pero a pesar de todo, era un hombre de gran santidad. Me pregunto cuántos santos y santas más han sido tocados, inspirados y animados por San Ignacio de Loyola y por su obra espiritual pionera. ¿Miles? ¿Millones? Nunca lo sabremos. Lo que sí sabemos es que la santidad es contagiosa. El bien que hacemos nunca muere. Vive para siempre: en otras personas, en otros lugares y en otros tiempos.

· · · · · · · · · · · · · · · · · ·

PADRE,
Enséñame a escuchar profundamente lo que pasa dentro de mí y a discernir lo que me dices a través de mis esperanzas y sueños, miedos y fracasos, alegrías y tristezas. Dame una conciencia aguda de lo que sucede dentro de mí y a mi alrededor, para que pueda amarte más, amar a los demás lo mejor que pueda, y amarme como Tú me amas a mí.
Amén.

7. FRANCISCO DE ASÍS:

Insatisfecho

. . . .

¿Con qué estás insatisfecho en este momento de tu vida?

TODOS ESTAMOS escribiendo la historia de nuestras vidas. ¿Estás satisfecho con la historia que escribes con tu vida?

Francisco de Asís es el santo más popular en el mundo actual, en gran parte debido a su atractivo para los no católicos e incluso para los no cristianos. Ochocientos años después de su muerte, la gente sigue tan fascinada con él como lo estaba durante su vida.

De joven, Francisco se sintió profundamente insatisfecho con su vida. Había pasado su juventud siendo el alma de la fiesta, pero eso empezó a dejarlo vacío. Este vacío lo llevó a la creencia de que la vida debía ser más que eso.

Estos son sentimientos que todos hemos experimentado, pero la forma en que respondemos a ellos marca la diferencia. Francisco siguió al Espíritu y se rebeló de una manera verdaderamente salvaje y maravillosa. Al permitir que el Espíritu lo guiara, escribió una hermosa historia con su vida.

¿Estás insatisfecho como lo estaba Francisco? Su historia nos enseña que debemos escuchar esa insatisfacción, averiguar qué es lo que la genera y luego responder —en lugar de reaccionar— a ella. Con demasiada frecuencia reaccionamos impulsivamente a nuestra insatisfacción, pero hay una diferencia entre reaccionar y responder. Nuestra tendencia es reaccionar a la insatisfacción en nuestras vidas tomando vacaciones a última hora, yendo de compras, comiendo o trabajando más, y así sucesivamente. A medida que crecemos espiritualmente nuestra conciencia aumenta, y a medida que crecemos en conciencia aprendemos a responder en lugar de reaccionar.

Francisco escuchó que Dios le decía: «Reconstruye mi Iglesia». Reaccionó físicamente reconstruyendo literalmente una iglesia en ruinas. Esa fue su reacción. Esto lo condujo a la conciencia de que Dios lo estaba invitando a reconstruir la Iglesia en términos espirituales. Dedicó el resto de su vida a la renovación espiritual. Esa fue su respuesta.

La diferencia entre la reacción y la respuesta es a menudo un período de investigación, por breve que sea, del evento y de cómo lo manejamos. Durante ese período de investigación, nos hacemos una serie de preguntas diseñadas para ayudarnos a entender lo que realmente está sucediendo dentro de nosotros y a nuestro alrededor.

Un ejemplo común podría ser la insatisfacción en el trabajo. Podrías reaccionar y pensar: «Necesito encontrar un nuevo empleo». Ahora, puede ser que Dios te esté llamando a un nuevo rol y use tus sentimientos de insatisfacción para llevarte allí. Pero puede estar tratando de comunicarle otras cosas. Puedes estar insatisfecho en tu trabajo porque no estás trabajando tan duro como necesitas. Esto puede deberse a que has perdido el enfoque, o a que tienes un hijo o padre enfermo al que estás cuidando en casa. Puedes estar insatisfecho porque tus compañeros de trabajo son mezquinos y difíciles. Pueden ser mezquinos y difíciles porque están sufriendo de alguna manera, y Dios puede estar invitándote a amarlos por su mezquindad. Puedes estar insatisfecho en tu trabajo porque has ignorado a las personas que sirves con tu trabajo y la manera en que eso mejora sus vidas. Tu insatisfacción puede ser causada por algo grande o pequeño, y hasta cierto punto no importa cuál sea la causa. Lo que importa es cómo respondes a esa insatisfacción.

Dios está permitiendo esa insatisfacción por una razón. Escúchalo. ¿Con qué área de tu vida estás insatisfecho? ¿Cómo te está invitando Dios a una vida nueva y mejor? ¿Cómo te está invitando a ser una mejor versión de ti mismo a través de esta situación?

De nuevo, nuestro instinto es reaccionar, y a menudo reaccionamos de manera exagerada. Es probable que nuestra insatisfacción no nos llame a ir a un lugar nuevo y hacer algo diferente. Puede que nos invite a profundizar en lo que estamos haciendo ahora mismo.

La otra opción es ignorar nuestra insatisfacción, pretender que todo está bien cuando no lo está. Si elegimos este camino, nuestra insatisfacción aumentará en un intento por llamar nuestra atención.

Francisco estaba insatisfecho. Dios usó su insatisfacción para invitarlo a enloquecer de una manera maravillosa al rebelarse contra las normas y expectativas de la sociedad. Sorprendió a la gente abandonándose a Dios y escribió una historia increíble con su vida.

De alguna manera su historia no podría ser más diferente a la de Teresa de Ávila o Ignacio de Loyola, pero sus historias son notablemente similares en otros aspectos. Cada uno de ellos se dejó guiar por el Espíritu Santo, se dedicó a vivir una vida de oración y valoró la opinión de Jesús más que la de cualquier otro.

Durante la Misa oramos: «Tú renuevas la Iglesia en todos los tiempos, levantando a hombres y mujeres destacados en la santidad, testigos vivos de Tu amor. Ellos nos inspiran con sus vidas heroicas y nos ayudan con sus constantes oraciones». Dios levantó a Francisco, Ireneo, Agustín, Teresa e Ignacio para renovar la Iglesia. Ellos son testigos vivos del amor de Dios, y sus historias cautivan nuestra imaginación y nos siguen inspirando en la actualidad. Cada uno a su manera, en su propio lugar y tiempo, escribió una historia con su vida, y ahora es tu turno.

Algunos de nosotros pensamos: «Es demasiado tarde. Soy demasiado viejo. La mayor parte de mi vida ha terminado». Bueno, hay muchos tipos de historias diferentes. Tal vez la tuya sea una redención del arrepentimiento y la desesperanza. Tal vez tu historia tenga un final sorpresivo o un giro inesperado.

Es hora de prestar atención a la historia que estás escribiendo con tu vida. Las grandes historias mueven a la gente. Si la tuya no te inspira, entonces probablemente no vas a mover a nadie más. Es hora de vivir una vida que intrigue a la gente, que desafíe a la gente a repensar sus propias vidas. Es hora de vivir una vida que fascine a la gente, una vida que conmueva a la gente.

¿Eso te parece grandioso e imposible? No lo es. Todos llevamos las semillas de la grandeza en nuestro interior. A veces esa grandeza se manifiesta en cosas extraordinarias, pero la mayoría de las veces la grandeza de Dios se manifiesta en nosotros a través de cosas ordinarias hechas con gran amor.

Hay tantas cosas pequeñas y ordinarias que tú y yo podemos hacer cada día para recordar a la gente que la bondad y la generosidad, la consideración y la compasión que hacen grande al espíritu humano están completamente vivas. La vida siempre presenta un flujo constante de estas oportunidades para colaborar con Dios y crear momentos santos. Cada uno es una oportunidad para que las personas sepan que a alguien le importa, a veces con un pequeño gesto y a veces de una manera más significativa. Eso es lo que hicieron los santos. Colaboraron con Dios y desataron la bondad, la generosidad, la consideración y la compasión dondequiera que fueron. Tú también puedes hacer eso.

El espíritu humano puede estar dormido, pero no está muerto. Despertemos la grandeza del espíritu humano, empezando por ti y por mí. Despierta tu espíritu. Despierta espiritualmente y comienza a vivir la vida a un nivel completamente nuevo.

. . . .

SEÑOR,
Gracias por la gran variedad de sentimientos y emociones que me permites experimentar. Enséñame a escuchar la insatisfacción en mi vida y descubrir lo que me estás diciendo a través de ella. Luego dame el valor y la audacia para hacer algo al respecto.
Amén.

8. TOMÁS MORO:
La Suave Voz Interior

. . . .

¿Cuándo fue la última vez que hiciste una pausa para consultar a tu conciencia antes de tomar una decisión?

A VECES LA MEJOR manera de reflexionar sobre la historia de nuestras vidas es pensar en la muerte. La vida es maravillosa pero corta. Los santos meditaron sobre la muerte para no dar por sentado ni un solo momento de esta preciosa vida. La vida tiene una tendencia a deslizarse entre nuestras manos como el agua, a menos que vivamos cada día, cada hora, cada momento con gran conciencia. Los santos nutrieron esta conciencia consciente con la oración diaria.

Santo Tomás Moro se cruzó en mi camino en la escuela secundaria. Yo trabajaba como tramoyista para la obra de teatro de la escuela, *Un hombre de dos reinos*. Mi hermano Andrew había sido elegido para el papel de Cromwell. Todo comenzó con el elenco y el equipo leyendo el guion. Nunca había conocido a un hombre como Tomás. Algunas noches practicaba la lectura de líneas con mi hermano para que él pudiera dominar su parte. Y una vez que se construyó el decorado hubo docenas de ensayos. La obra y su mensaje calaron en lo más profundo de mi corazón, mente y alma.

Tomás fue ejecutado por negarse a reconocer la Ley de Supremacía y firmar la Ley de Sucesión. El primero convirtió al rey Enrique VIII en cabeza de la Iglesia de Inglaterra y el segundo requería que todos aquellos a quienes se les pedía que prestaran juramento, reconocieran a Ana Bolena como la esposa legítima del rey, y a sus hijos como herederos legítimos del trono.

Tomás Moro fue ampliamente considerado como un hombre de un juicio impecable y una honestidad meticulosa. La gente confiaba en su juicio, y su negativa a firmar envió un mensaje al pueblo de Inglaterra. No se pronunció en contra de las leyes; simplemente se negó a firmarlas. Pero el silencio de un hombre honesto es más fuerte que todas las palabras de diez mil hombres deshonestos.

El rey acusó a Tomás de traición y el castigo fue la pena de muerte. Tomás explicó a su familia que no podía firmar el documento porque no creía que fuera cierto o correcto. Estaba dispuesto a morir antes que a traicionar a Dios, a su país, a su conciencia y a la mejor versión de sí mismo.

¿Cuándo fue la última vez que te negaste a hacer algo porque tu conciencia te dejó claro que estaba mal? ¿Cuándo fue la última vez que te detuviste a escuchar a tu conciencia antes de tomar una decisión? ¿Alguna vez te has arrepentido de haber seguido a tu conciencia? Cuando ignoramos nuestra conciencia, nos traicionamos a nosotros mismos, a los demás y a Dios.

Hay una curiosa liviandad del ser que viene con la conciencia tranquila. Mi abuelo decía que dormimos mejor con la conciencia tranquila. Una conciencia limpia es profunda, simple, compleja, misteriosa y liberadora a la vez. Es a la vez simple y compleja porque tenemos la responsabilidad de desarrollar y formar nuestra conciencia, y de alinearla con la verdad en todas las cosas. Escuchar a nuestra conciencia es relativamente fácil una vez que comenzamos a hacer el esfuerzo de manera consistente; requiere coraje y gracia. El desarrollo continuo de nuestra conciencia es bastante difícil y complejo. Saber cuándo dejar ir las cosas que una vez pensaste que eran verdaderas a favor de verdades mayores es psicológica y espiritualmente desafiante.

Vivimos en un mundo donde constantemente nos dicen: «Haz lo que quieras hacer», y ese mensaje se refuerza con la idea de que hacer lo que quieras y conseguir lo que quieras te hará feliz. El concepto de conciencia parece olvidado hace mucho tiempo en un mundo así. Se ha perdido el sentido del bien y del mal, arrastrado por una ola de relativismo.

Y, sin embargo, en lo profundo de ti hay una voz suave, la voz de tu conciencia. Es la mejor versión de ti mismo susurrándote en los momentos de tu día. Cuando la escuchamos, experimentamos alegría y liviandad; cuando la ignoramos, nuestra alma sufre y experimentamos un profundo sentimiento de estar abrumados.

Es extraño cómo preferimos ideas nuevas que no conducen a nada a ideas antiguas que dan frutos en cada ocasión. ¿Por qué estamos tan dispuestos a abandonar lo que ya se ha comprobado? Hay belleza en nuestra fe. Es vieja, sí —antigua, de hecho—, pero sigue dando frutos increíbles cuando se vive con pasión y propósito. Y tal vez una conciencia limpia nos ayude a dormir mejor.

La historia ha sopesado la vida de Sir Tomás Moro y lo ha nombrado santo. Todas las vidas se evalúan al final —nos sirve mucho recordar eso— y son los hombres y mujeres como Tomás

Moro quienes nos inspiran a vivir valientemente incluso frente a una gran oposición. Aquí es quizá el tiempo y lugar en que los santos son más útiles para nosotros en momentos de dificultad. Demuestran cómo comportarse ante la adversidad, la injusticia y hasta la crueldad. Y, por supuesto, ellos también aprendieron a enfrentarse valientemente a la adversidad reflexionando pacientemente sobre la forma en que Jesús vivió su vida.

Los santos nos enseñan a vivir con audacia al escuchar esa suave voz interior. ¿Estás viviendo con pasión y propósito la única vida corta que se te ha dado?

· · · · · · · · · · · · · · · · ·

PADRE,
Gracias por mi corta vida. Inspírame de alguna
manera cada día para vivir con gracia y coraje,
compasión y generosidad, y escuchar la suave voz
que has puesto dentro de mí.
Amén.

9. JUAN:

Amistad

. . . .

¿Dejas que la gente realmente te conozca?

ESCUCHO A MIS hijos rezar por la noche y me doy cuenta
de lo lejos que estoy del corazón de dios. «¿Qué te gustaría de-
cirle a Jesús esta noche?», les pregunto, y ellos le hablan como si
estuvieran a su lado, emocionados de escuchar los detalles más
triviales de su día, un amigo como ningún otro.

Si tuvieras que describir a Jesús a una persona que nunca
había oído hablar de Él, ¿cómo lo harías? En un nivel, esto puede
parecer una tarea muy difícil, pero en otro nivel, es realmente
muy simple. El cristianismo se difunde contando la historia de
Jesús. Lo hermoso de alguien que nunca ha oído hablar de Jesús
es que no ha sido vacunado contra el cristianismo y que no lleva consigo todos los sesgos y prejuicios que rodean a Jesús y al
cristianismo en nuestra sociedad actual. La persona que nunca
ha oído hablar de Jesús estaría absolutamente fascinada con su
historia, porque aunque fuera solo una historia, sería increíble.
Cuando consideras que realmente sucedió, se vuelve aún más

intrigante, poderosa y transformadora de la vida. Uno de nuestros mayores problemas como cristianos es que nos hemos familiarizado demasiado con la historia de Jesús. Dicen que la familiaridad engendra desprecio. Consideremos un momento el significado de esa frase. Significa que a medida que aumenta nuestro conocimiento y asociación con alguien o algo, nuestro respeto por esa persona o cosa disminuye.

Este es también uno de los mayores problemas que tenemos en nuestras relaciones con los santos. Creemos que los conocemos. Podemos saber cuándo vivieron o algún otro hecho superficial sobre sus vidas, pero ignoramos los hábitos profundos, perdurables y transformadores del alma que hicieron de ellos quienes son. Y no el único mensaje que tienen para cada uno de nosotros cuando realmente los conocemos.

Este fue también el gran desafío de este libro: cómo escribir sobre los santos de una manera que fuera fresca y que profundice en las suposiciones casuales que tenemos sobre ellos; cómo darte una amplia comprensión de lo que los une y, sin embargo, presentarte personalmente los que son más importantes para ti en tu viaje en este momento.

Dos de mis santos favoritos son Juan el Bautista y Juan el Apóstol. Ambos tenían relaciones muy especiales con Jesús, pero esas relaciones no podían ser más diferentes.

Juan el Bautista conoció a Jesús cuando ambos eran niños no nacidos en el vientre de sus madres. No hay constancia de que se volvieran a ver hasta que Juan bautizó a Jesús en el río Jordán, aunque parece probable que pasaran tiempo juntos cuando eran niños, dado todo lo que hizo María para visitar a la madre de Juan durante su embarazo. Sin embargo, cuando Juan se encontró con Jesús el día de su bautismo, independientemente de que existiera familiaridad o no, hubo todo lo opuesto al desprecio.

Juan trató a Jesús no solo con gran respeto, sino con reverencia.
Lo que amo de Juan el Bautista es su distancia de Jesús. Tenía
un trabajo que hacer y lo hizo. No se acercó a Jesús y le preguntó: «¿Cómo lo estoy haciendo?». Sabía lo que tenía que hacer y se encargó de ello.

Juan el Apóstol tenía la relación opuesta en muchos aspectos.
Estaba tremendamente cerca de Jesús y pasó tres años a su lado.
Tuvo el valor de estar al pie de la cruz, el único hombre entre un
grupo de mujeres valientes. Y en el Evangelio se hace referencia
a él seis veces como el discípulo que Jesús amó.

¿Te gustaría tener una relación especial con Jesús? No quiero
ser diferente o mejor que nadie, sino tener algo que sea único
entre Dios y yo. Supongo que es un deseo muy natural y normal
para cualquier cristiano. La parte más difícil parece ser apartar-
nos del camino, hacer a un lado nuestro ego y nuestras expectativas, y permitir que se siga desarrollando en lugar de tratar de
forzarla. Ahora que lo pienso, parece ser la parte más difícil de
la vida y de las relaciones en general.

¿Cómo describirías tu relación con Jesús? Para los santos,
todo giraba alrededor de Él. Colocaron a Jesús en el centro de
sus vidas al ponerlo en el centro de todo lo que hacían. Descubrieron la mejor versión de sí mismos en Jesús y a través de Él.

¿Cómo es tu relación con Jesús? O tal vez sería útil considerar otras preguntas. ¿Cómo quieres ser conocido? ¿Cómo quieres que sea tu reputación? ¿Cómo quieres que te recuerden?
¿Te gustaría ser recordado por tus logros o por tu carácter? ¿Te
gustaría que te recordaran por lo que hiciste o por lo que fuiste?
¿Quieres ser recordado como una persona mundana o espiritual? ¿Esperas que te consideren como un discípulo de Jesús?

Recordamos a los santos porque tuvieron relaciones únicas
e íntimas con Jesús. Algunos podrían decir que tuvieron rela-

ciones extraordinarias con Él, pero yo creo que Dios quiere que todos tengamos esa clase de relación con Su hijo. Dios quiere que ese tipo de relación sea ordinaria y natural, despreocupada y sin afectación, como la manera en que mis hijos le hablan a Jesús antes de irse a la cama.

Jesús es tu amigo, y los grandes amigos se interesan genuinamente los unos por los otros. Son leales y honestos. Se centran en dar, no en recibir. Se fortalecen mutuamente dándose aliento. Los grandes amigos son empáticos. Son buenos oyentes y nos ayudan a ver el lado humorístico de la vida.

Si pudieras elegir a alguien en la historia para que te enseñe sobre la amistad, ¿a quién elegirías?

Es a través de nuestra relación con Jesús que aprendemos a ser buenos amigos de los demás. Él nos enseña lo que significa ser realmente un amigo. Él nos enseña cómo relacionarnos con los demás con compasión y comprensión. Él nos enseña cuándo hablar y cuándo escuchar.

Piensa en todos los dioses que la gente ha adorado a través de los siglos, en diferentes lugares, culturas y tiempos. Una de las cosas asombrosas que hacen diferente al Dios de la tradición judeo-cristiana es que quiere ser tu amigo. Los santos así lo reconocieron. No les importó si la gente se daba cuenta o recordaba lo que hacían. No les importó su reputación en absoluto. Se preocuparon por su relación con Jesús, y de ahí surgió toda la bondad y el genio que compartieron con el mundo.

¿Crees que Juan preferiría ser conocido como un santo, como un apóstol o como un amigo de Jesús?

En las Escrituras leemos, «Busquen primero el Reino de Dios» (Mateo 6:33). En términos reales y prácticos, ¿qué significa buscar primero el reino de Dios? Significa entrar en una relación de vida con Él y hacer de esa amistad una prioridad diaria. Significa mantener lo principal como lo principal, y lo principal es tu amistad con Dios.

Los santos eran amigos de Dios en esta tierra. Y ahora es tu turno.

· · · · · · · · · · · · · · · · ·

SEÑOR,

Inspírame a preocuparme más por mi amistad contigo que por mis logros en este mundo. Ayúdame a hacer de nuestro tiempo juntos cada día un referente sagrado e innegociable de la vida diaria. Enséñame a ser un buen amigo de los demás.

Amén.

10. MARTA:
Nuestro Anhelo De Pertenecer

·················

¿Formas parte de una comunidad vibrante?

TODOS ANHELAMOS pertenecer a una comunidad amorosa. La psicología moderna ha redefinido esto como una necesidad de pertenecer. Nuestro anhelo de pertenencia es real, pero también es más que eso.

Cada uno de nosotros tiene una necesidad concedida por Dios de pertenecer a una comunidad basada en el amor mutuo, donde podamos contribuir de acuerdo a nuestros dones y habilidades, y donde podamos ser vistos y conocidos por quienes realmente somos, por así decirlo. Esto es lo que hizo que las primeras comunidades cristianas fueran únicas y fascinantes.

Dios nos creó con ciertas necesidades, y provee para satisfacerlas. En Su plan, nuestra necesidad de una comunidad amorosa es satisfecha primero por nuestra familia. Pero el egoísmo de hombres y mujeres a menudo lleva a las familias a la disfunción, y la visión de Dios para la familia es destruida. Dios también desea satisfacer esta necesidad a la que debemos pertenecer a través de comunidades cristianas dinámicas y amorosas.

La parroquia de mi infancia fue la de Santa Marta, en los suburbios de Sídney, Australia. Fui bautizado allí, experimenté la primera reconciliación y la primera comunión, fui confirmado y participé en una increíble experiencia de un grupo juvenil y multigeneracional. Fue la comunidad cristiana la que me lanzó a la vida y al ministerio con el que me he comprometido durante los últimos veinticinco años.

A medida que he viajado por el mundo, me ha quedado muy claro que la parroquia local es el corazón de la Iglesia en todo el mundo. Es el lugar y la manera como más de mil millones de católicos se comprometen con la comunidad cristiana; sin embargo, nuestras parroquias modernas no se parecen mucho a las primeras comunidades cristianas.

Cuando fundé Dynamic Catholic, mi sueño original era descubrir cómo transformar las parroquias en comunidades cristianas fenomenales y vivificantes. Pero uno de nuestros primeros descubrimientos fue que simplemente no se puede tener una parroquia dinámica sin recursos de clase mundial en áreas esenciales. Esta realización retrasó mi sueño original durante una década, ya que pasamos los primeros diez años en Dynamic Catholic creando la serie de Momentos Católicos, diez programas esenciales que cada parroquia utiliza cada año y que se ponen a disposición de todas las parroquias y de todos los católicos a bajo costo o sin costo alguno. Ahora que nos aventuramos en nuestra segunda década en Dynamic Catholic, estamos trabajando apasionadamente con comunidades a través de Estados Unidos para crear parroquias dinámicas.

Hay muchos aspectos de cualquier comunidad cristiana auténtica, y la parte que aprendemos de Santa Marta es la hospitalidad. La hospitalidad estaba en el corazón de las primeras comunidades cristianas; separó a los primeros cristianos en una época en la que el cuidado, la preocupación, y el amor por los demás era ajeno a la gente. Y es una de las formas en que los católicos modernos pueden diferenciarse en la sociedad actual.

Santa Marta es recordada por el día en que Jesús visitó su casa y su hermana, María, se sentó a sus pies en lugar de ayudar a Marta a preparar la comida. Jesús le dijo: «Marta, Marta, te preocupas y te agitas por muchas cosas; y hay necesidad de pocas, o mejor, de una sola» (Lucas 10:41-42). ¿Qué estaba diciendo? ¿Qué lección hay aquí para nosotros? Si leemos las palabras literalmente, podríamos creer que Jesús estaba diciendo que preparar la comida no era necesario. El hombre no vive solo de pan, también vive de la Palabra de Dios. Pero tampoco el hombre vive solo de la Palabra de Dios, y por eso es claro que alguien tiene que preparar nuestras comidas.

Lo genial de los Evangelios es que nos hablan a todos de acuerdo a donde estemos en diferentes momentos de nuestras vidas. Soy una persona práctica, por lo que me resulta mucho más fácil actuar que sentarme a los pies de Jesús en oración y escuchar. Como Marta, a menudo estoy preocupado y distraído por muchas cosas. Mi mente está agitada constantemente con miles de cosas que hay que hacer. Así que las palabras de Jesús me convencen de que haga mi parte, pero que me preocupe menos y que no me distraiga constantemente con la acción, sino que me detenga a rezar para que mi acción surja de mi relación con Dios.

Marta era una anfitriona fabulosa; también era una mujer de gran fe que amaba a Jesús profundamente y obviamente tenía una relación muy especial con Él. Hay una cierta naturaleza casual en cada uno de los encuentros de Jesús con Marta, y con su hermana y hermano, María y Lázaro. Ninguna otra familia es señalada en los Evangelios como esta. «Jesús amaba a Marta, a su hermana María y a Lázaro» (Juan 11:5).

Marta muestra una de las profesiones de fe más asombrosas en los Evangelios después de la muerte de su hermano. Cuando llega Jesús, días después de la muerte de Lázaro, ella le dice con audacia: «Señor, si hubieras estado aquí, no habría muerto mi hermano. Pero aun ahora yo sé que cuanto pidas a Dios, Dios te lo concederá» (Juan 11:21-22).

El gran regalo de Marta fue la hospitalidad, pero incluso nuestros grandes regalos no son más importantes que estar sentados al lado del Señor.

Como con tantas personas en las Escrituras, el resto de la vida de Marta se pierde en el tiempo. Una tradición dice que ella, junto con María, fue una de las mujeres que acudieron a la tumba a ungir el cuerpo de Jesús después de la crucifixión. Una famosa leyenda afirma que María y Marta viajaron a Provenza, en Francia, y terminaron en Tarascón, donde Marta domesticó a un monstruo parecido a un dragón. Se dice que sus restos están en la cripta de la iglesia de ese lugar.

La verdad es que no sabemos qué le sucedió a Marta después de la muerte, resurrección y ascensión de Jesús. Lo que sí sabemos es que ella fue una de sus primeras seguidoras y una de las primeras en declararlo Mesías. Y sabemos que debe haber sido una cocinera bastante buena y una ama de llaves maravillosa, y que la hospitalidad era uno de sus valores fundamentales, un valor que sin duda difundió entre los primeros cristianos.

Hay tantas lecciones e invitaciones que surgieron de los encuentros de Marta con Jesús. ¿Cuál te llama la atención en este momento? ¿Te está invitando Jesús a sentarte a Sus pies con mayor frecuencia y a escuchar Su voz en tu vida? ¿Te invita a descubrir de nuevo el espíritu de la hospitalidad? ¿Te está pidiendo que le lleves tus preocupaciones y las dejes en el altar durante la Misa de cada domingo para que se ocupe de ellas? ¿Te está animando a no poner las distracciones de este mundo por encima de lo que más importa? O quizás te habla de otra manera profundamente personal a través de esta reflexión sobre la vida de Santa Marta.

Una lección que me gustaría animar a todos a aprender aquí es que, sea cual sea el nombre de tu parroquia, ese santo quiere guiar, enseñar e inspirar a la gente de tu comunidad de una manera especial. Muchos de nosotros sabemos poco o nada sobre el santo patrón de nuestras propias parroquias. Tu primera parroquia, tu última parroquia y cada una de las parroquias intermedias tiene un santo patrón que quiere enseñarte una poderosa lección.

En cuanto a la pertenencia a una comunidad vibrante, cada uno de nosotros tiene un papel en la creación de esa realidad. En el pasado he planteado dos preguntas: (1) Hay setenta millones de católicos en Estados Unidos. Si multiplicáramos tu vida por setenta millones, ¿cómo sería la Iglesia en Estados Unidos? (2) Hoy en día hay más de mil millones de católicos en el mundo. Si todos fueran como tú, ¿cómo sería la Iglesia?

Enfoquemos estas preguntas localmente por un momento. Me parece que todo el mundo quiere pertenecer a una parroquia dinámica. Dios los bendiga, incluso la gente que solo asiste a la iglesia en Navidad quiere asistir a una parroquia dinámica y tener una experiencia dinámica. ¿Tu parroquia es dinámica? Muchas no lo son. Pero la pregunta es, ¿qué vamos a hacer tú y yo al respecto? ¿Cómo estás dispuesto a participar y a contribuir con tu parroquia para ayudarla a ser más dinámica cada año?

Si cada persona en tu parroquia estuviera tan comprometida o no como tú, ¿qué tan dinámica sería tu parroquia?

. . . .

PADRE AMOROSO,
Abre mi corazón a las áreas de mi vida que necesitan
cambiar para poder llevar a cabo la misión que has
imaginado para mi vida. Inspírame a vivir la fe católica
de una manera dinámica y comprometida. Muéstrame la
mejor manera de involucrarme en la vida de mi
parroquia. Haz que nuestra comunidad tenga
hambre de mejores prácticas y aprendizaje continuo,
y ayúdanos a darnos cuenta de que tenemos un papel
que desempeñar en hacer de nuestra parroquia un
lugar perfecto para las personas imperfectas que
tratan de caminar contigo.
Amén.

11. VICENTE DE PAÚL:

Dios Nos Alimenta Para Alimentar A Otros

· · · · · · · · · · · · · · · · ·

¿Tus amigos te están ayudando a convertirte en tu mejor versión?

LOS SANTOS están siempre a nuestro alrededor, y sus vidas están entrelazadas entre sí y con las nuestras.

Durante mis últimos dos años en la escuela secundaria, los estudiantes se turnaban para visitar un refugio para personas sin hogar en la parte más sórdida de Sídney. Los hombres no tenían hogar principalmente debido a su alcoholismo. El lugar se llamaba Matt Talbot's y estaba dirigido por la Sociedad de San Vicente de Paúl. Los viernes por la noche los visitábamos, les servíamos la cena, y luego nos sentábamos y hablábamos con ellos. Yo odiaba esto.

Pero así es como Vicente de Paúl, Federico Ozanam, Rosalía Rendu y Matt Talbot entraron a mi vida, y nunca han estado muy lejos de mí, cada uno por sus propias razones.

Vicente de Paúl fue un sacerdote católico francés que fue ordenado en 1600 y dedicó su vida al servicio de los pobres.

Conocido por su humildad, compasión y generosidad, fue muy amado y admirado por la gente de su tiempo.

Federico Ozanam era un erudito, periodista y defensor de la igualdad de los derechos en Francia. Cuando era estudiante, se reunía semanalmente con sus amigos y compañeros para debatir diversos temas. Una semana en particular la conversación giró en torno a la Iglesia Católica. Algunos comenzaron a argumentar que si bien la Iglesia había sido una vez una fuente de bien, ya no lo era.

Un estudiante lanzó el desafío que cambiaría para siempre la vida de Federico y las de millones de hombres y mujeres en todo el mundo: «¿Qué está haciendo tu Iglesia ahora? ¿Qué está haciendo por los pobres de París? ¡Muéstranos tus obras y te creeremos!». Federico reflexionó en las palabras del estudiante enojado y no pudo encontrar fallas en lo que había dicho. En ese momento decidió que un tema importante de su vida sería servir a los más pobres de París. Pero no tenía ni idea de cómo empezar. Sabía dónde encontrar a los pobres de la ciudad, pero no sabía cómo acercarse a ellos, qué era lo que más necesitaban, o cómo ayudarlos mejor.

Su lectura lo llevó a inspirarse en Vicente de Paúl, un sacerdote que había vivido en Francia doscientos años antes. Las lecturas complementarias lo llevaron a descubrir que una de las seguidoras de Vicente, sor Rosalía Rendu, servía actualmente a los pobres de los barrios pobres de París. Federico se acercó a Rendu y le pidió que le ayudara a él y a sus compañeros a desarrollar un método para servir a los pobres que pudiera enseñarse fácilmente a un mayor número de estudiantes con el tiempo. «¿Dónde están estos compañeros?», preguntó ella.

«Vendrán», respondió él, aunque no estaba seguro de que lo hicieran.

Los otros estudiantes acudieron. Inspirada por el llamado de Federico, la hermana Rendu los guio y los ayudó a desarrollar un método para servir a los pobres. Este se convertiría en el método que la Sociedad de San Vicente de Paúl utiliza hasta el día de hoy en docenas de países de todo el mundo. Se centra en visitar a los pobres en sus hogares, evaluar sus necesidades y discernir cómo la sociedad puede ayudar más a cada persona o familia.

Federico Ozanam fundó finalmente la Sociedad de San Vicente de Paúl. Lo hizo por humildad y por un profundo sentido de gratitud tanto al hombre que lo inspiró a creer que era posible servir eficazmente a los pobres, como a la mujer que lo guio a él y a sus amigos en las realidades prácticas de ese trabajo: Vicente de Paúl y Sor Rosalía Rendu.

Matt Talbot era trabajador portuario y alcohólico desde los doce años. Cuando tenía veintiocho años, prometió no volver a beber alcohol, y mantuvo esa promesa durante los próximos cuarenta años, hasta su muerte. Pasó esos cuarenta años trabajando arduamente, pagando sus deudas, dando todo lo que tenía a los pobres, durmiendo solo en una tabla de madera, y rezando varias horas al día.

Después de su muerte, Talbot se convirtió en un ícono del movimiento de la templanza de Irlanda, y su historia se extendió por todo el mundo. Se le cita diciendo: «Nunca seas demasiado duro con el hombre que no puede dejar de beber. Es tan difícil dejar la bebida como resucitar a los muertos. Pero ambas son posibles e incluso fáciles para Nuestro Señor. Solo tenemos que depender de Él». Hoy en día, uno de los puentes de Dublín lleva su nombre, al igual que muchas clínicas de adicciones y refugios para personas sin hogar en todo el mundo, desde Varsovia hasta Nebraska y Sídney.

Y así es como a los diecisiete años me encontré alimentando a los pobres y hablando con un grupo de hombres sin hogar un viernes por la noche. No lo sabía en ese momento, pero me estaban enseñando una de las lecciones más difíciles y esenciales de la vida cristiana: estamos llamados a tener una relación con los pobres.

¿Tienes una relación con los pobres? Si queremos tener una relación personal con Dios, necesitamos tener una relación personal con los pobres.

El bien que hacemos nunca se pierde; nunca muere. El bien que hacemos sigue vivo en otras personas, en otros lugares y en otros tiempos. Vicente de Paúl, Federico Ozanam, la hermana Rosalía Rendu y Matt Talbot se enfrentaron a veces a un desaliento tremendo. Habría sido muy fácil rendirse y retirarse a una vida cómoda. Pero no lo hicieron. Siguieron adelante, perseverando en el servicio humilde, y el bien que hicieron sigue vivo hoy.

Una de las cosas que distinguió a los santos fueron sus amigos. Muchos de los santos tenían amigos que también eran santos. Se hicieron amigos de los santos de épocas pasadas a través de los libros, porque comprendieron que en la vida de los santos podían encontrar lo que hoy llamamos «mejores prácticas». De esta manera estudiaron lo que había funcionado para otros santos. Pero el número de santos que tenían amigos igualmente santos es enorme. Algunos de ellos se conocían y trabajaban juntos, otros tenían amistades que consistían enteramente en cartas, algunos eran hermanos y otros, como Federico Ozanam y la hermana Rosalía Rendu, se cruzaron de manera inesperada pero providencial.

Los momentos sagrados desencadenan un efecto dominó. Los santos tenían amigos que los animaban a convertirse en la mejor versión de sí mismos, a crecer en virtudes y a vivir vidas santas. ¿Tienes un buen grupo de personas a tu alrededor que te animan y te desafían a crecer? ¿Eres un buen amigo de los demás, y lo animas a hacer lo que es bueno?

Tarde o temprano subimos o bajamos al nivel de nuestras amistades.

. . . .

SEÑOR,
Gracias por todas las oportunidades que me has dado para crecer espiritualmente. Gracias por todas las maneras en que proveen para mis necesidades físicas, materiales, emocionales y espirituales. Ayúdame a tener en cuenta que tú me alimentas y me construyes para enviarme a hacer lo mismo por los demás.
Amén.

12. HARRY:
Con Todo Tu Corazón

....

¿Cuándo fue la última vez que hiciste algo con todo tu corazón?

ES BUENO tener héroes, pero con demasiada frecuencia esperamos demasiado de nuestros héroes y muy poco de nosotros.

Mi abuelo Harry era uno de mis héroes. Creció en la Gran Depresión, combatió en la Segunda Guerra Mundial, trabajó arduamente para mantener a su familia, luchó toda su vida con lo que hoy en día llamaríamos trastorno de estrés postraumático, y pasó sus años de jubilación como voluntario en el centro local de San Vicente de Paúl.

Era un hombre tranquilo, pero se notaba que había mucha fuerza detrás de sus maneras silenciosas. Recuerdo estar en su taller cuando era niño. Él podía arreglar cualquier cosa. Quería mostrarme cómo arreglar las cosas, pero nunca me interesó mucho. No era mi don, aunque me encantaba verlo hacer cosas y arreglarlas.

Nadie lo canonizará, pero a su manera, en su lugar y tiempo, fue un santo en el sentido más amplio de la palabra. Los santos —canonizados y no canonizados— están todo el tiempo a nuestro alrededor. Ninguno de ellos es perfecto, pero todos se esfuerzan con todo su corazón. ¿Cuándo fue la última vez que hiciste algo con todo tu corazón? Mi abuelo recibió su nombre de San Harold, que fue martirizado en Inglaterra cuando era niño. Poco se sabe de él, aparte de que fue asesinado por una facción anticristiana. ¿Por qué decidieron matarlo? No lo sabemos.

¿Por qué los humanos somos tan crueles entre nosotros? Ese es uno de los grandes misterios de la experiencia humana. Mi abuelo fue testigo de muchas modalidades de la crueldad humana, y, sin embargo, eligió enfocarse en lo bueno de las personas y las situaciones, y se esforzó por hacer el bien a los demás todos los días. Fue solo a medida que fui creciendo y empecé a experimentar el mundo que comprendí lo bueno que fue él como hombre y se convirtió en un héroe para mí.

Los santos están ahí durante los grandes momentos de la vida y las celebraciones, y en esos momentos oscuros en que la vida nos deprime. Nunca están lejos, y siempre traen consigo la lección que necesitamos para seguir adelante. Pueden ofrecernos una lección de humildad cuando nos sentimos en la cima del mundo, o una lección de perseverancia cuando sentimos que no podemos seguir adelante.

Le pusimos a nuestro tercer hijo el nombre de mi abuelo, Harold James. Cuando nació el pequeño Harry, hubo un nuevo tipo de magia en la casa cuando lo llevamos al lado de Walter e Isabel, sus ojos abiertos de par en par al ver por primera vez a su hermano pequeño. Su asombro e inocencia al tomar sus manitas en las suyas y la forma en que instantáneamente lo amaron y se preocuparon por él fueron hermosas de presenciar. Durante varias semanas, le preguntaron de diferentes maneras si tenía lo que necesitaba. No sabían lo que él necesitaba, pero sabían que lo necesitaba. ¿Y acaso no lo hacemos todos? Tenemos necesidades. Es parte de lo que significa ser humanos.

Harry tiene cinco años y ya se está convirtiendo en un niño bueno. Tiene una intuición asombrosa y un gran sentido para cuidar a los demás. Es sensible. Siente las cosas con mucha intensidad y también está muy atento a los sentimientos de los demás. Estoy emocionado de verlo crecer a medida que su vida se desarrolla, y me siento honrado de poder acompañarlo de alguna manera a lo largo de ese camino.

Todo es una oportunidad para crear momentos santos, para crecer en santidad, y para convertirnos en una mejor versión de nosotros mismos. Ser padre es una oportunidad infinita, pero también lo es ser un hermano. Anteriormente hablamos de San Benito. Su hermana, Escolástica, es también una santa. Esto nos lleva a preguntarnos de una manera muy práctica: ¿estoy ayudando a mis hermanos a convertirse en la mejor versión de sí mismos? ¿Los animo con mis palabras y obras a amar a Dios y a crear momentos santos?

Los santos siempre están girando a nuestro alrededor, entrando y saliendo de nuestras vidas cuando más los necesitamos, y señalando cada oportunidad para crear más momentos santos. Ser padre, ser hermano, trabajar y jugar, la amistad y la comunidad, la enfermedad y la salud... cada momento es una oportunidad para crear un momento santo más. ¿Cómo colaborarás con Dios para crear tu próximo momento santo? ¿Tu corazón está en ello?

· · · · · · · · · · · · · · · · · ·

PADRE,
Vacía mi corazón de todos los apegos inútiles,
deseos superficiales e inclinaciones egoístas para
que pueda dar todo mi corazón para amarte a Ti y
a las personas que se cruzan en mi camino.
Amén.

13. JUAN VIANNEY:

Desorientado

. . . .

¿Estás abierto a las posibilidades que solo
Dios puede ver para ti?

DIOS SIEMPRE SE ENCUENTRA en el momento presente, pero el momento presente a veces puede parecer brutal,
y esa brutalidad puede hacer que él parezca muy lejano.

A finales de mi adolescencia comencé a hacer la pregunta más
importante: Dios, ¿qué quieres que haga con mi vida? Siempre
había pensado que me casaría y tendría una familia, pero al
hacer esta pregunta empecé a sentir el llamado de Dios en mi
vida. Cuando era joven y crecí en la época en que lo hice, eso
solo significaba una cosa: el sacerdocio. ¿Qué otras opciones
existían? Ninguna. Los jóvenes que se sentían llamados a servir
a Dios y a su pueblo se convertían en sacerdotes, así que empecé
a explorar este camino.

Juan Vianney, conocido como el Santo Cura de Ars, se cruzó
en mi camino en esa época y desde entonces ha permanecido
en mi corazón como uno de mis grandes héroes. Incapaz de
continuar con sus estudios en el seminario, Juan Vianney se or-

denó gracias a la intervención de un obispo sintonizado con el Espíritu Santo que sintió en Vianney un don especial de Dios. Después de la ordenación, Vianney fue enviado a Ars, un pueblo de la Francia rural. Podría haber sido el fin del mundo. Era allí donde querían enviarlo, para que pudiera hacer el menor daño posible. Pero en los próximos treinta años, Ars se convertiría en uno de los destinos de peregrinación católica más populares de Europa. Tanta gente viajó para ver a Juan Vianney que el gobierno construyó una línea de tren para llevar a los pasajeros directamente a Ars. Diez años después de su muerte, la desmontaron porque ya no se usaba.

La gente iba al encuentro del Cura de Ars para verlo, escucharlo predicar y confesarse. Se sentaba en el confesionario todos los días durante diez, doce o catorce horas. Escuchaba profundamente a la gente y les hablaba con compasión, amor, coraje y sabiduría.

Todos tenemos preguntas con las que estamos lidiando, y anhelamos respuestas a esas preguntas. Nuestros corazones, mentes y almas no están satisfechos con las respuestas que nos citan de memoria. Anhelamos respuestas profundamente personales a nuestras preguntas, que también son profundamente personales. Juan Vianney permanecía en ese confesionario día tras día, año tras año, escuchando los desafíos y las angustias con las que lidiaba la gente, y dando respuestas profundamente personales a sus preguntas profundamente personales. Fue un ministerio extraordinario de gracia y misericordia.

Él me inspiró y avivó la llama dentro de mí para convertirme en sacerdote. A medida que pasaron los meses, el llamado a servir a Dios y a Su pueblo se hizo más fuerte. Me había llenado de una alegría increíble y quería compartirla con otras personas. En las semanas que siguieron a este descubrimiento concerté una cita con el director de vocaciones. Me sorprendió que tardara varias semanas en conseguir una cita, pero cuando llegó el momento hablamos durante unos cuarenta y cinco minutos. Al terminar, me sugirió que volviera un par de semanas después para continuar el proceso.

Cuando regresé dos semanas después, inmediatamente sentí que algo estaba mal. El director habló de fútbol durante unos diez minutos y luego dijo sin avisar: «Bueno, Matthew, he hablado con el arzobispo y hemos decidido que no eres un candidato adecuado para el sacerdocio». Todo empezó a dar vueltas a mi alrededor y mis oídos empezaron a zumbar.

¿Qué significa eso? —le pregunté.

Que simplemente no creemos que seas un candidato adecuado.

Sí, ya lo dijiste, pero ¿qué significa eso? ¿Qué es lo que me impide ser el llamado candidato adecuado? ¿Qué atributos de un candidato adecuado me faltan?

Bueno, Matthew, creo que probablemente sea mejor que no hablemos de todo eso—. Luego terminó abruptamente la reunión, y en un instante, yo estaba caminando por la calle tratando de encontrarle sentido a lo que acababa de suceder.

El momento presente puede ser brutal, y Dios puede parecer muy lejano.

Esa fue la primera vez que la Iglesia me rompió el corazón. Desafortunadamente, sería la primera de muchas. Estaba triste y desilusionado; sentí que mi brújula se había roto. ¿Cómo lo había entendido tan mal? Cuando piensas que conoces la voluntad de Dios y te rindes a ella, y entonces algo te impide seguir ese camino, empiezas a dudar de tu habilidad para discernir aquello a lo que Dios te está llamando, incluso en las cosas más pequeñas.

Casi treinta años después entiendo que Dios estaba obrando

en ese momento de rechazo, pero todavía duele, aún hoy. En ese momento fue imposible para mí, que era joven e inexperto, darme cuenta de que Dios está obrando constantemente, que cuando los hombres bloquean el camino de Dios, Él encuentra otro camino. Hoy puedo mirar hacia atrás y ver que Dios no me había abandonado; Su mano estaba sobre mi hombro, guiándome y protegiéndome, y tenía sueños para mí que yo ni siquiera podía imaginar. Vemos aquello que es posible basado en lo que se ha hecho en el pasado, pero Dios ve nuevas posibilidades.

En aquel entonces, no era posible que un laico hiciera el trabajo que he hecho durante casi tres décadas. No vi el camino entonces y no veo el camino hacia adelante ahora. Me despertaba cada día, rezaba, le pedía a Dios que me guiara, y hacía lo que yo sentía que Él me estaba llamando a hacer, un día a la vez.

Encontramos una vocación allí donde nuestras necesidades, talentos y deseos de servir a los demás tropiezan con la necesidad insaciable del mundo. Y no tenemos una sola vocación en esta vida. Sí, tenemos una vocación principal, pero también tenemos vocaciones secundarias. No hay duda en mi mente de que este trabajo que he estado haciendo todos estos años es una vocación, pero no es mi vocación principal. Mi vocación principal es ser esposo y padre. Y algún día espero ser abuelo, y entonces seré llamado a la vocación de ser abuelo. Es una vocación secundaria, un camino dentro del camino, pero qué hermosas pueden ser estas otras vocaciones.

Estamos rodeados de posibilidades que solo Dios puede ver. ¿A qué te está llamando Dios ahora? ¿Está aclarando tu vocación primaria en tu corazón? ¿Tiene alguna vocación temporal o secundaria a la que quiere que te dediques en este momento de tu vida? El peligro es que estamos tan apegados a nuestros propios planes que ni siquiera podemos ver Su plan.

. . . .

SEÑOR,
Estoy abierto a Tus posibilidades. Por favor, lléname
con la sabiduría, la gracia y el coraje que necesito para
abandonar mis limitaciones autoimpuestas y
vivir en Tus posibilidades.
Amén.

14. TOMÁS:

Todos Tenemos Dudas

. . . .

¿Tus dudas te inquietan o las ves como una invitación a crecer?

LA FE Y LA DUDA van de la mano, y a menudo, cuanto mayor es la fe, mayor es la duda.

Nuestras dudas pueden ser un gran antagonista en nuestra historia de fe. Este antagonismo a menudo nos conduce a una experiencia más profunda de fe mientras permanezcamos en la búsqueda de la verdad y no comencemos a buscar una excusa.

Pobre Tomás. Podría haber tenido un mal día. Sin embargo, esta situación lo ha definido a lo largo de la historia como el gran incrédulo, y se le llama más a menudo como Tomás el Dudoso que como Santo Tomás. ¿Sabes algo más sobre Tomás? Mucha gente solo sabe que Jesús se apareció a los discípulos cuando Tomás salió a hacer recados, y no les creyó.

Se cree que Tomás fue a la India en el año A. D. 50 , donde supuestamente convirtió a docenas de judíos y a más de tres mil hindúes al predicar el Evangelio y hacer milagros en el nombre de Jesús. Muchos en esa parte del mundo lo conocían no como Tomás el Dudoso, sino como el Buen Tomás. Se cree que fue asesinado por sacerdotes hindúes en el año A. D. 72 Algunos informes dicen que fue porque estaban celosos de que hubiera convertido a tantos hindúes al cristianismo, mientras que otros dicen que insultó a su deidad. A Marco Polo se le dijo en el siglo trece que un arquero que estaba cazando pavos reales le disparó accidentalmente a Tomás.

Pero la lección principal de la vida de Tomás fue sobre la fe y la duda. Hombres y mujeres de todas las razas y edades han escuchado su historia, pero ¿hemos aprendido las muchas lecciones que revela esta historia? Nuestras dudas son nuestras por una razón: tienen lecciones que enseñarnos.

Tomás era un escéptico que se negaba a creer a menos que tuviera una experiencia personal y directa. Hasta que no pudiera ver y sentir las heridas de Jesús, no iba a creer en la resurrección. El tipo de escepticismo que exige la prueba de la experiencia no deja espacio para la fe. En materia de fe, la certeza es un mito; uno de los requisitos esenciales de la fe es la ausencia de certeza. Si puedes estar seguro, no hay necesidad de fe. Y, sin embargo, la exigencia de pruebas y certezas se ha convertido en uno de los ídolos de nuestro tiempo, un ídolo que ha separado a millones de personas de Dios.

Sin embargo, Tomás estaba abierto a la verdad. Algunas personas usan sus dudas para guiarlas a respuestas, pero muchos más usan sus dudas como una excusa para optar por no participar en la búsqueda épica de la verdad por parte de la humanidad. Blaise Pascal escribió: «En la fe hay suficiente luz para los que quieren creer, y suficientes sombras para cegar a los que no quieren creer».

Es natural tener dudas, pero tenemos la responsabilidad de buscar una verdad que alivie nuestras dudas. Haz tus preguntas, pero no esperes que otras personas te sirvan las respuestas en bandeja de plata. Hacer el trabajo para encontrar respuestas a tus preguntas es un aspecto importante de la vida espiritual. Las respuestas fáciles de encontrar a menudo se descartan fácilmente. Buscar respuestas a nuestras preguntas personales y luchar con nuestras dudas nos ayuda a construir una fe más sólida.

Las dudas son imperfectas porque nunca pueden ser plenamente satisfechas. Exigen pruebas, pero cuestionan cualquier prueba que se ofrezca. No hay prueba, evidencia o respuesta que pueda satisfacer ciertas dudas. La ciencia no puede examinar lo sobrenatural.

La fe sana hace preguntas. Lo importante que hay que tener en cuenta es el motivo. ¿Qué motivo está impulsando tu pregunta? ¿Realmente estás buscando respuestas o buscas una excusa para no creer? Lo primero hará crecer tu fe; lo segundo la destruirá. Investiga tus dudas por todos los medios, pero hazlo con hambre de verdad.

Tal vez una de las lecciones más importantes que provienen de la historia de Tomás es un tema recurrente en las enseñanzas de Jesús: no juzgues. Evita la tentación de juzgar a otros, pero evita también el veneno de juzgarte a ti mismo. No juzgues tus dudas. Una gran fe y una gran duda van de la mano. Incluso los santos estaban a veces plagados de dudas.

El ejemplo impresionante en nuestros propios tiempos es el de la Madre Teresa. Declarada por muchos una santa en vida, y por la Iglesia menos de veinte años después de su muerte, fue una luz de fe y esperanza en el mundo. Sin embargo, después de su muerte, sus documentos privados revelaron que había sufrido una duda increíble, y durante largos períodos de su vida sintió que Dios estaba ausente. Usando palabras como «oscuridad», «sequedad», «tortura» y «soledad», escribió sobre la agonía espiritual que a menudo experimentaba, comparándola con el infierno y revelando que en un momento dado sus dudas eran tan grandes que incluso cuestionaba la existencia de Dios.

Estas fueron revelaciones asombrosas e importantes. Con

demasiada frecuencia hemos dejado de lado este tipo de cosas al contar las historias de los santos, y eso es un perjuicio enorme para la gente común y corriente como tú y yo, que luchamos por vivir nuestra fe cada día en medio de nuestras dudas y limitaciones. La fe auténtica tiene que luchar con las dudas de vez en cuando. Es importante no perder de vista el hecho de que esto es natural, normal y saludable.

La parte de la historia de Tomás que se olvida fácilmente es lo que sucede cuando Jesús regresa ocho días después. Esta es una de las grandes confesiones de la fe en la Biblia. Me imagino a Tomás cayendo de rodillas y diciendo con gran sinceridad y emoción: «¡Señor mío y Dios mío!» (Juan 20.28). Estas palabras tienen un significado especial para mí porque están inscritas debajo del tabernáculo de la parroquia a la que él iba a misa todos los domingos cuando era niño.

Las dudas de Tomás lo llevaron a una conversación y a una relación más profunda con Jesús. Espero que todas nuestras dudas hagan eso mismo.

· · · · · · · · · · · · · · · · · ·

JESÚS,
Creo en Ti, confío en Ti y deposito mi esperanza en Ti. Pero a veces tengo dudas, me siento ansioso y preocupado, creo que tengo que ocuparme personalmente de todo, y puedo desanimarme e incluso deprimirme. Líbrame de mi arrogancia y lléname de humildad, para que pueda vivir confiadamente en Tu amor y en Tu luz.
Amén.

15. BERNARDO:

En Busca De La Excelencia

. . . .

¿Estás comprometido con la búsqueda de la excelencia?

TODOS NECESITAMOS héroes; sin ellos nos marchitamos y perecemos.

Cuanto más viejo me hago, más se convierte mi padre en un héroe. Nacido en la pobreza y los prejuicios, sin educación y sin apoyo, vivió una vida extraordinaria de la manera más ordinaria. Mi padre amaba a la gente y a la vida. Tenía una ética de trabajo impecable, no toleraba la ingratitud y la pereza, y poseía una curiosidad maravillosa. La gente buscaba sus consejos, que siempre eran sencillos, prácticos y sabios.

Incluso antes de que yo tuviera hijos, a menudo me preguntaba cómo se las había arreglado él para abrirse camino en la vida. ¿Cómo escapó de la pobreza? ¿Cómo se levantó y salió a trabajar cada día durante los años en que estuvo mal pagado y subestimado? ¿Cómo pagó todas sus cuentas? ¿Cómo es que cinceló con tanta paciencia la vida para crear la que él imaginó hace mucho tiempo y muy lejos, cuando tenía frío y hambre durante su infancia en Londres? Todo lo que sé es que su carácter tuvo mucho que ver con eso.

Hay dos cosas de mi padre en las que pienso una y otra vez. Siempre se alegró por la gente cuando le pasaban cosas buenas. Si alguien compraba un auto nuevo —aunque él nunca tuvo un auto nuevo en toda su vida— se sentía realmente feliz por él o ella. Si una persona recibía un ascenso o ganaba la lotería, se alegraba por ella. Y se alegraba por la gente que tenía éxito.

A lo largo de los años, la vida me ha demostrado lo raro que era mi padre en este sentido. Hay mucha envidia, egocentrismo y celos en este mundo. Muy pocas personas son capaces de sentirse verdaderamente felices por ti cuando tienes éxito. He aprendido esta lección dolorosamente en mi propia vida. Hace unos años me di cuenta de que la mayoría de la gente se siente feliz cuando tienes éxito, siempre y cuando no tengas más éxito que ellos. Pero si te vuelves más exitoso que ellos, muchos rápidamente se vuelven celosos y críticos. He perdido a más de unos cuantos amigos de esta manera.

Mi padre era un buen hombre. Lo extraño.

La otra cualidad que él ejemplificó y que toca mi vida diaria es su amor por la excelencia. Él llamaba mi atención constantemente hacia la excelencia. Ya fuera en los negocios o en los deportes, en las artes o en la política, con un jardín de categoría mundial o una comida increíble, mi padre era un amante de la excelencia en todos los ámbitos de la vida. Términos como aprendiz continuo y mejores prácticas son comunes hoy en día, pero mi padre fue un aprendiz de toda la vida y un ávido estudiante de las mejores prácticas y de la excelencia mucho antes de que se convirtieran en eslóganes.

Los santos son los reyes y reinas de las mejores prácticas en el reino espiritual. Si estudiamos sus vidas, vamos más allá de las estatuas de yeso y profundizamos en su humanidad, ellos compartirán con nosotros las mejores prácticas que descubrieron y abrazaron.

Con demasiada frecuencia, dejamos a un lado a los santos, diciendo: «No soy como ellos». Los ponemos en un pedestal y decimos que lo hacemos por respeto. Pero ¿es así? ¿Es posible que los elevemos sobre esos pedestales para que podamos fingir que son diferentes, una clase especial de seres humanos, una superraza, para que no tengamos que esforzarnos por ser santos nosotros mismos? Nuestra disposición a conformarnos con la mediocridad es enorme.

Los santos son amantes de la excelencia. Constantemente están aprendiendo más sobre Dios, la humanidad, la Iglesia, la visión de Jesús y las prácticas espirituales que les ayudan a convertirse en la mejor versión de sí mismos.

Mi padre se llamaba Bernard. Su patrón fue Bernardo de Claraval (1090-1153). San Bernardo era un líder carismático, muy elocuente y el sacerdote más admirado de su tiempo.

Bernardo era un monje francés de la orden cisterciense. El énfasis original de la vida cisterciense era la santidad a través del trabajo manual y la autosuficiencia. La orden cisterciense fue iniciada por un grupo de monjes que sintieron que los benedictinos se habían alejado demasiado de La Regla de San Benito y querían seguirla más de cerca. Menos de veinte años después, los cistercienses necesitaban una reforma. Esta reforma fue liderada por Bernardo.

Hoy en día, cualquier persona con una idea nueva es anunciada como un reformador. Bernardo fue un reformador, pero sus reformas se basaron en el estudio profundo de la historia, las Escrituras, la tradición cristiana y la oración. Así que la reforma no es simplemente probar nuevas ideas; comienza siempre con la búsqueda de la sabiduría.

La orden cisterciense continuó pasando por una serie de reformas, y en el siglo diecisiete un grupo de monjes se separó para llevar una «vida más sencilla». Se convertirían en trapenses, y doscientos años después, un trapense que vivió en Estados Unidos se convirtió en el más famoso del mundo: Thomas Merton.

Todo y todos necesitan reformas de vez en cuando. Reformar algo significa hacer cambios en eso para mejorarlo. Necesito una reforma; lo sé. Necesito ser reformado una y otra vez. Se nos dice que hemos sido creados a imagen de Dios, pero cuando me detengo a reflexionar, descubro que me deformo constantemente en la imagen de otra cosa. Una y otra vez, me encuentro diciendo, haciendo y pensando cosas que no me ayudan a convertirme en la mejor versión de mí mismo.

Sí, todos necesitamos una reforma, o un cambio para mejor. Cualquiera puede cambiar las cosas. Pero el cambio por el cambio es una locura, y no todo cambio es progreso. Cambiar para mejor nunca es fácil, pero siempre vale la pena.

¿Necesitas una reforma? ¿Qué parte de tu vida la necesita más? De vez en cuando, todo y todos necesitan una buena reforma. ¿Cómo va tu matrimonio? ¿Cómo están tus finanzas personales? ¿Cómo es tu estado físico? ¿Cómo está tu salud espiritual? ¿Cómo es tu trabajo/carrera? ¿Tu vida familiar?

Tarde o temprano, bajo el peso de nuestra complacencia colectiva, la mayoría de las cosas caen en la mediocridad y se convierten en algo muy diferente de lo que estaban destinadas a ser. La siguiente pregunta es: ¿estás dispuesto a hacer los sacrificios necesarios para llevar a cabo la reforma? Lo interesante de San Bernardo es que estaba dispuesto a dar su vida por las reformas, por hacer algo mejor.

La reforma, la renovación, la transformación y el cambio

son cosas hermosas cuando conducen a algo que se renueva, se refresca y se mejora. ¿Qué necesita ser renovado, refrescado y mejorado en su vida? Cualquier cosa que sientas que necesita ser reformada en tu vida, Dios anhela colaborar contigo en esa reforma. No tengas miedo. Sé valiente. Vive con audacia, aunque estés rodeado de cobardes y criticones.

· · · · · · · · · · · · · · · · ·

PADRE DE TODA LA CREACIÓN,
Lléname de amor por la excelencia, lléname
de hambre de excelencia, y hazme excelente en
todas las formas en que Tú imaginaste mientras yo
estaba en el vientre de mi madre.
Amén.

16. TERESA DE LISIEUX
Son Las Pequeñas Cosas

. . . .

¿Qué lista de atributos describe tu mejor ser?

ESTAS SANTAS católicas nunca dejan de sorprenderme. Lo he dicho una vez y lo diré de nuevo. Muchas de las mujeres más extraordinarias de la historia son santas católicas. Eran elegantes y dignas, amables y valientes, confiadas y deliberadas, humildes y honestas. Eran de voluntad fuerte y al mismo tiempo tenían la belleza del autocontrol. Eran pensadoras increíbles y devotas gigantes. Y su amor no tenía límites, como lo demuestra su empatía y compasión por los demás. Teresa de Lisieux es solo un ejemplo entre muchos otros.

Santa Teresa murió a los veinticuatro años; entró a la vida de clausura como monja carmelita a los quince y murió nueve años más tarde; sin embargo, pocas mujeres han tenido más impacto que la Pequeña Flor, como se la conoce cariñosamente. Ella es el ejemplo por excelencia de florecer allí donde eres sembrado.

Hacia el final de su vida, sus superiores le ordenaron que escribiera su historia. Teresa estuvo reacia a hacerlo; de hecho, al final, su voto de obediencia tuvo que ser invocado para conseguir que la escribiera. Esos escritos se convirtieron en el clásico perdurable *Historia de un alma*, donde describe lo que ella llama «el pequeño camino». La esencia del pequeño camino es hacer las cosas pequeñas con gran amor. Teresa descubrió una gran alegría derramando un gran amor en el acto más pequeño.

La Madre Teresa me presentó a Teresa de Lisieux. En las barriadas modernas de Calcuta, la Madre Teresa demostraba el poder del pequeño camino mientras el mundo entero observaba. Tanto ella como Teresa de Lisieux se sintieron llamadas a amar a los que parecían menos amables. Buscaron a Jesús en los rostros de personas que el mundo veía como indeseables.

Una vez más, somos confrontados no por una filosofía o teología académica compleja, sino por la aplicación sencilla y coherente del Evangelio. Estas mujeres asombrosas obraron según la palabra de Jesús cuando Él nos dijo que todo lo que hacemos por otra persona lo hacemos por Él. Cuando alguien vive realmente la fe cristiana, es práctica, relevante, accesible y esperanzadora.

La Madre Teresa y Teresa de Lisieux no desperdiciaron sus vidas atrapadas en la prepotencia de preguntarse cuál era la voluntad específica de Dios para ellas. Las dos sabían claramente cuál era su voluntad universal para todos nosotros: amar a los demás. Al vivir lo que sabían que era la voluntad simple y universal de Dios, descubrieron Su voluntad específica para sus días, semanas, meses y vidas. Teresa de Lisieux escribió: «La santidad consiste simplemente en hacer la voluntad de Dios y en ser lo que Dios quiere que seamos».

¿En qué sería diferente tu vida si trataras a cada persona como si esta fuera Jesús? ¿En qué sería diferente el mundo si todos nos tratáramos de esta manera?

La simplicidad del Evangelio es poderosa cuando se vive realmente. Tenemos una tendencia a complicar las cosas, por lo general en un intento inconsciente por dejar de cumplir con nuestro deber claro y presente como cristianos. Tendemos a paralizarnos al pensar en el cristianismo. Atrapados por la inacción de teorizar, nos olvidamos de vivir como el Evangelio nos llama claramente a vivir. El Evangelio es una invitación a pensar en la vida de una manera diferente, pero más que eso, es una invitación a vivir la vida de una manera diferente.

Teresa de Lisieux vivió una vida extraordinaria haciendo pequeñas cosas con gran amor. Desde el claustro y la tumba ha compartido este sencillo mensaje con millones de personas. Ella es un ejemplo más de cómo Dios usa a las personas más improbables para enseñar y guiar a Su pueblo. Pero no es un misterio la manera como Él elige a las personas para la misión: Dios elige a los que se ponen a Su disposición, a los que se entregan.

¿Dónde crees que aprendió Teresa una forma tan hermosa y práctica de amar? ¿De dónde sacó su hambre de amar a Dios de una manera excelente?

Nacida en Francia en 1873, Teresa fue la novena hija de Louis y Zelie Martin. Louis era relojero y Zelie elaboraba encajes, y ambos tenían negocios exitosos en sus respectivos campos. Es interesante y no una coincidencia que ambas profesiones requieran una atención extraordinaria a los detalles y una paciencia igualmente destacada.

Louis y Zelie fueron padres de siete niñas y dos niños. En tres años, entre 1867 y 1870, la muerte se apoderó de una hija de seis semanas de edad, de sus bebés varones, y de otra hija de cinco años. Zelie señaló que la tristeza la dejó paralizada. Pero todos los días se levantó y siguió adelante, derramando su amor en los hijos que le quedaban.

Dicen que la tragedia unirá a una pareja o la separará. Estas tragedias unificaron a Louis y a Zelie, intensificando su amor mutuo de una manera que es nada menos que impresionante. Louis y Zelie Martin fueron los primeros esposos en ser nombrados santos oficialmente, y cien años más tarde su hija sería conocida en todo el mundo como Santa Teresa.

Es en el hogar, cubiertos con el tierno cuidado y afecto de su madre y de su padre, donde los niños aprenden a amar y a ser amados. Es allí donde aprenden que cada uno de nosotros ha sido creado para una misión y puesto en esta tierra para marcar una diferencia en nuestro propio camino. Es allí donde aprenden que Dios tiene sueños asombrosos para ellos.

La responsabilidad de ser padres es enorme. A menudo se le llama el trabajo más duro del mundo, y como tal, puede ser agotador y abrumador, y requiere también una gran intencionalidad. Los padres a menudo esperan y rezan para que sus hijos crezcan y sean médicos o abogados, o para que sean exitosos y felices, pero yo me pregunto, ¿cuántos padres esperan y rezan para que sus hijos crezcan y se conviertan en santos?

Louis y Zelie Martin, los padres de Santa Teresa, criaron a una santa y se convirtieron en santos. Todos los santos tienen padres, pero pocos padres de santos también llegan a ser santos.

. . . .

PADRE AMOROSO,
Enséñanos a hacer las pequeñas cosas de cada día
con un gran amor al abrir nuestros corazones, mentes
y almas a la realidad de que cada momento es una
oportunidad para amar.
Amén.

17. MAXIMILIANO KOLBE:

Tomaré Tu Lugar

. . . .

¿Por quién estás dispuesto a dar tu vida?

EN UN MUNDO que puede ser frío, duro, violento y a veces brutal, los santos demuestran que nuestra humanidad tiene un lado mejor. Nuestro mejor lado es el de la amabilidad y el cuidado, la compasión y la delicadeza. Los santos fomentaron mejor este lado con actos diarios de amor y servicio, que los prepararon para los momentos de heroico altruismo a los que algunos de ellos fueron finalmente llamados.

Maximiliano Kolbe proporcionó uno de estos momentos —un momento épico de generosidad— en medio de la brutalidad de la Alemania nazi, y será recordado para siempre por ello. Ante la fría indiferencia, fue un momento de amor candente y resplandeciente. Frente a una brutalidad asombrosa, fue un momento de entrega sumisa.

Kolbe fue sacerdote en Polonia durante la Segunda Guerra Mundial. Después de la invasión de Alemania a Polonia, organizó un hospital temporal en el monasterio donde vivía, con la ayuda de algunos hermanos que permanecieron allí. Entre 1939 y 1945 proporcionaron resguardo y cuidados a miles de refugiados que huían de la persecución nazi. Esto incluyó esconder a más de dos mil hombres, mujeres y niños judíos de los alemanes. Finalmente, el monasterio fue cerrado. Kolbe fue arrestado por la Gestapo y enviado a Auschwitz. En julio de 1941 un hombre escapó de ese campo de concentración. El comandante en jefe eligió a diez hombres para que murieran de hambre en un búnker subterráneo con el fin de disuadir a otros de intentar escapar. Uno de los hombres seleccionados gritó: «¡Mi esposa! ¡Mis hijos!». Kolbe se ofreció como voluntario para ocupar su lugar. Después de dos semanas sin comida ni agua, Maximilian Kolbe era el único sobreviviente. El 14 de agosto, los guardias lo mataron con una inyección letal para poder utilizar de nuevo el búnker.

La historia del cristianismo está pavimentada de sacrificios grandes y pequeños que hacen eco del amor del sacrificio de Jesús en la cruz en todo tiempo y lugar. La abnegación y el sacrificio por el bien de los demás es otro tema abundante que atraviesa las vidas de los santos.

En nuestros tiempos modernos parecemos ser adictos a la comodidad y alérgicos al sacrificio. Ambas posturas hacen que la vida cristiana sea difícil como mínimo, e imposible a lo sumo. Para amar, y hacerlo profundamente, tenemos que estar dispuestos a renunciar a un poco de comodidad y aceptar algún sacrificio.

Nuestra voluntad de hacer sacrificios por los que amamos es una de las formas en que damos peso a las palabras «Te amo». Considera la pregunta: ¿por quién estás dispuesto a dar tu vida? Antes de tener hijos, la pregunta tenía un sentido teórico. Como padre, la pregunta es cualquier cosa menos que teórica.

Mis hijos Harry y Simon fueron operados el mes pasado. Fue un procedimiento simple y común, pero cada vez que hay anestesia general involucrada con niños pequeños me pongo ansioso. La parte desgarradora fue pasar tiempo en el hospital infantil. Muchos de esos niños nunca volverán a casa. Ellos lo saben y sus padres también, y eso es totalmente desgarrador. Puedes ver la mirada en los ojos de los padres: perplejidad, exasperación, desilusión, agotamiento y otras emociones humanas extremas. No hay un solo padre en ese hospital que no daría su vida si eso salvara a su hijo.

Escuchamos la historia de Maximiliano Kolbe, y es impresionante. ¿Por qué nos sorprendemos tanto? ¿Es porque no podemos imaginarnos haciendo lo mismo? Y, sin embargo, de alguna manera parecemos olvidar que no es original en absoluto. Jesús enseñó a Maximiliano Kolbe a tomar el lugar de otra persona, y nos enseñó a ti y a mí cuando tomó nuestro lugar.

Yo estaba más que alegre cuando nació mi hija; no había palabras para describir mi felicidad. Hay un vínculo especial entre padre e hijo, y hay también entre padre e hija, pero son vínculos diferentes. Me he cansado muchas veces de articularlo, pero sigue estando fuera de mi alcance. Como el cuarto de ocho hijos varones, yo tenía una inmensa esperanza de que algún día tendría una hija. La llamamos Isabel.

Santa Isabel de Francia era hija de un rey y hermana de otro. Aunque fue criada en medio de privilegios y del poder, llevó una vida muy sencilla dedicada a la oración y a los pobres. Tenía un profundo amor y compasión por los enfermos y los pobres, y se dedicó a ayudarlos.

Aquí descubrimos una de las verdades fundamentales sobre la santidad y los santos: son el grupo de personas más diverso de la historia. Algunos eran ricos y otros pobres; otros tenían educación y otros más no tenían ninguna; algunos tenían posiciones de poder y autoridad y otros no; algunos estaban enfermos y otros estaban sanos; algunos eran jóvenes y otros eran viejos cuando descubrieron que la santidad es posible y se dedicaron a ella.

En esta hermosa diversidad encontramos un lugar para nosotros mismos y no un lugar para nuestras excusas, así que dediquémonos de nuevo a caminar hoy con Dios y a colaborar con Él para crear tantos momentos santos como sea posible.

Y si somos padres o esperamos serlo algún día, hay otra cuestión sobre la cual vale la pena reflexionar. Todo padre tiene sueños para sus hijos, ¿pero soñamos con que se conviertan en santos?

Todos educamos hacia una meta. A veces somos conscientes e intencionales acerca de esa meta, y a veces es algo inconsciente. Muchos padres se enfocan en preparar a sus hijos para la vida en el mundo real, como se le llama con frecuencia. Esto usualmente significa educar hacia una carrera exitosa y una independencia financiera. La mayoría de los padres te dirán que los buenos valores y las relaciones saludables son las cosas que más desean para sus hijos, y, sin embargo, estos a menudo se pierden en medio de su búsqueda por ayudar a sus hijos a lograr otras cosas.

¿Cuáles son tus sueños para tus hijos? ¿Los estás criando deliberadamente para alcanzar esos sueños? ¿Quieres que tu hijo crezca en virtud, se convierta en la mejor versión de sí mismo y lleve una vida santa? ¿Quieres que tu hijo se convierta en un santo? Los padres no piensan con frecuencia en que sus hijos lleven vidas santas porque es algo que ha sido definido de una manera muy estrecha y restrictiva. A menudo se considera que se está perdiendo algo, pero no hay nada más lejos de la realidad. Los santos experimentaron la vida al máximo de una manera que la mayoría de nosotros ni siquiera podemos imaginar.

La mayoría de los padres no son llamados a dar sus vidas por sus hijos en un acto heroico, pero todos los padres son llamados a dar sus vidas en un millón de pequeñas maneras a lo largo de la vida de sus hijos. Mis propios padres modelaron esto para mis hermanos y yo. Mi esposa es heroicamente desinteresada en la forma en que garantiza la consistencia de las rutinas de nuestros hijos, la forma en que se asegura de que tengan lo que necesitan, y las muchas maneras en que los ayuda con paciencia a crecer y desarrollarse.

Dondequiera que miren, las personas se sacrifican para que otros puedan vivir con mayor abundancia, y cada uno de nosotros está llamado a participar en ello. Cada uno de nosotros está llamado a dar su vida de pequeñas maneras cada día para que otras personas puedan ser educadas de alguna manera.

Maximiliano Kolbe había dado su vida en pequeñas cantidades por otras personas miles de veces antes de ese día en Auschwitz. Puede que tú y yo nunca nos encontremos en una situación como esa, pero cada día está lleno de oportunidades para ocupar el lugar de otra persona. Cada vez que lo hacemos, es un momento sagrado.

¿Qué pequeño sacrificio estás dispuesto a hacer hoy por alguien?

. . . .

JESÚS,

Todos damos nuestras vidas por algo. Ayúdame a dar mi vida de una manera que valga la pena. A menudo olvido que tomaste mi lugar y lo que eso significa. Ayúdame a recordar cuánto me amas, y lléname con ese amor para poder compartirlo con la mayor cantidad de gente posible en mi corta vida.

Amén.

18. MADRE TERESA:

Verdad, Belleza y Bondad

. . . .

¿Cómo celebras la verdad, la belleza y la bondad?

TODAVÍA LO HACEMOS. Esto es, en última instancia, lo que la vida de la Madre Teresa anunció al mundo. Los cristianos todavía pueden cautivar completamente a las personas de su tiempo abrazando cada día las enseñanzas profundamente simples de Jesús de una manera práctica.

Así como los primeros cristianos intrigaron a la gente de su tiempo, la Madre Teresa intrigó al mundo entero en el último cuarto del siglo veintiuno. Su vida les anunció a todos los hombres y mujeres de buena voluntad que la santidad es posible. Celebrada como un triunfo del catolicismo por los católicos, pero igualmente celebrada como un triunfo de la humanidad por hombres y mujeres de todas las religiones y de ninguna, la Madre Teresa se convirtió en un icono viviente, refrescante y universal de la santidad en un mundo a menudo cínico y egocéntrico.

Se ha dicho que las personas encuentran su camino hacia

Dios a través de la verdad, la belleza y la bondad. ¿Por qué la gente estaba fascinada con la Madre Teresa?

La verdad. Había una verdad fundamental en su vida que recordaba audazmente a todos que las personas fueron creadas para ser amadas, y que nuestro amor por los demás no se basa en lo que pueden hacer por nosotros o en los talentos especiales que tengan. Más bien, nuestro amor por los demás brota de Dios, que vive en nosotros.

La belleza. Había también una belleza fundamental en su vida, que era al mismo tiempo explicable e inexplicable. La belleza de su sonrisa en medio de la peor pobreza del mundo y su alegría desbordante frente a las situaciones más desesperadas de la vida estimularon la belleza de maneras muy reales y tangibles. Esto era especialmente evidente cuando esto sucedía en medio de la fealdad y la crueldad de las que oímos hablar todos los días en las noticias mundiales.

La bondad. Su bondad se convirtió en un símbolo mundial del servicio desinteresado en una cultura tan obsesionada con la comodidad y la autogratificación.

Muchas personas se acercaron a Dios a través de la verdad, la belleza y la bondad de la Madre Teresa, y millones fueron atraídas a una nueva relación con la humanidad. Ella destacó con sencillez lo crueles y críticos que podemos ser unos con otros como seres humanos, pero de una manera que no era un juicio en sí mismo, y que inspiró a hombres, mujeres y niños a amarse más profundamente unos a otros.

A través de todo esto, ella logró algo increíblemente difícil: nos recordó la verdad, la belleza y la bondad que hay en nuestro interior. Puede que nos sintamos incómodos admitiéndolo. Puede que no sepamos cómo activar estas cosas en nuestra vida diaria, pero la Madre Teresa y todos los santos nos invitan a seguir andando a tientas y a ir al encuentro de la verdad, la belleza y la bondad que Dios ha puesto en nuestro interior. Puede que hayamos descuidado esto y que haya estado adormecido en nuestro interior durante muchos años, pero aun así esperan pacientemente a que los despertemos y utilicemos en nuestro propio lugar, en nuestro propio tiempo y a nuestra manera.

La razón por la que la verdad, la belleza y la bondad son tan importantes para nuestra experiencia de Dios es porque son tres cosas con las que las personas nunca se aburren. Vivimos en una época en la que la gente se atiborra de todo tipo de entretenimiento, y sin embargo, vivimos en una época de aburrimiento. Cientos de millones de personas de todas las edades se aburren. Ellos pueden decir que están aburridos en la Misa, pero la realidad subyacente es que muchos están aburridos de sus propias vidas. Una vida que carece de verdad, belleza y bondad finalmente se volverá aburrida.

La verdad compromete la mente, la belleza compromete el corazón y la imaginación, y la bondad compromete a nuestra humanidad y nos inspira a amar profundamente. Verdad, belleza y bondad. Solo cuatro palabras, pero no puedo dejar de pensar que contienen el antídoto para nuestro tiempo.

Un antídoto es un medicamento que se toma para contrarrestar un veneno en particular. ¿Cuáles son los venenos de nuestra época? ¿Cuáles son los venenos en tu vida? Mentiras y confusión, codicia y egoísmo, violencia y desesperanza, indiferencia y falta de propósito, relativismo y ateísmo, odio hacia uno mismo y falta de amor, son solo algunos de los venenos que han infectado nuestros corazones, mentes, almas y sociedad en este momento.

¿Pueden la verdad, la belleza y la bondad servir como el poderoso antídoto contra estos venenos? Sí. Absolutamente.

Sin duda alguna. ¿Cómo puedo estar tan seguro? Porque de lo que estamos hablando aquí no es solo de cualidades que los seres humanos son capaces de explorar y exhibir; son atributos de Dios. ¿Con qué frecuencia sacas tiempo para reconocer estas cosas dentro de ti y a tu alrededor?

La Madre Teresa fue una campeona de la verdad, la belleza y la bondad. No tenía que despertarse todos los días y recordarse a sí misma que así era. Tenía un poderoso conjunto de rutinas y rituales que practicaba con una disciplina infalible. Estas rutinas y rituales diarios eran hábitos del corazón, la mente, el cuerpo y el alma, y la mantenían enfocada y con los pies en la tierra. Le recordaban aquello que más le importaba y evitaron que se distrajera, se dejara seducir o hipnotizar por los espejismos.

¿Cuáles son las rutinas y rituales diarios que te mantienen con los pies en la tierra y enfocado cada día en lo más importante? ¿Notas la diferencia entre los días en que eres fiel a esos hábitos y otros en que los descuidas?

· · · · · · · · · · · · · · · · · ·

JESÚS,
Has venido al mundo para recordarnos la verdad,
la belleza y la bondad. Recuérdanos la verdad,
la belleza y la bondad que has puesto dentro de
nosotros, para que podamos compartirlas con las
personas que conocemos cada día.
Amén.

19. MARY MACKILLOP:

La Primera Santa De Australia

. . . .

¿Qué tan entrenable eres?

¿ES POSIBLE ser fiel y crítico al mismo tiempo? Esta es una de las preguntas perdurables con las que ha lidiado el cristianismo desde el principio. En una comunidad sana es posible ser fiel y crítico. Cuando una comunidad o sociedad es insana y temerosa, aquellos que son críticos tienden a ser acusados de ser infieles.

En Antioquía, Pablo confrontó a Pedro, criticándolo y corrigiéndolo por no comer con los gentiles. «Mas, cuando vino Pedro a Antioquía, me enfrenté con él cara a cara, porque era digno de represión» (Gálatas 2.11).

Pablo vio claramente que el comportamiento de Pedro estaba impactando negativamente a la comunidad cristiana. Preveía las repercusiones de esto en todo el mundo (y en el futuro) si dicho comportamiento se perpetuaba y multiplicaba. Pablo fue un visionario en esta situación.

La Madre Mary MacKillop fue la primera santa de Australia, y cuando fue canonizada, los medios seculares se centraron casi exclusivamente en un incidente de su vida. Después de que MacKillop hubiera fundado su escuela y su congregación religiosa, la constitución de la comunidad fue aprobada por el obispo local. Varios años más tarde, el mismo obispo, bajo la influencia de un vicario general demasiado entusiasta, intentó cambiar la constitución. La madre MacKillop se negó, señalando que ella y sus hermanas podrían quedar sin hogar debido a los cambios propuestos. Fue excomulgada por negarse, aunque una investigación la exoneró más tarde. En el contexto de la época, como una mujer a finales del siglo diecinueve, enfrentarse al obispo y a otros líderes de la iglesia, tal como lo hizo ella, fue una muestra poco común de coraje y audacia.

Los santos no tenían miedo de decir la verdad al poder, y de hablar con valentía. Con demasiada frecuencia se les castigaba por hacerlo y a veces les costaba la vida. Las grandes almas de todas las épocas siempre se han encontrado con oposición violenta de líderes mediocres hambrientos de control y poder. Comenzando por Pablo, los santos demuestran que es posible criticar a la Iglesia y ser fieles a ella y a Dios. Algunas personas corrigen y critican por celos y odio, pero los santos lo hicieron por un profundo amor a Dios, a su Iglesia y a su pueblo.

Cuando la crítica es considerada automáticamente como infidelidad, se trata de un tiempo oscuro e irreflexivo. Este tema lleva a la mayoría de las personas a pensar en sus derechos y responsabilidades cuando se trata de desafiar a las personas con autoridad, pero es igualmente importante para nosotros considerar cómo responder cuando somos corregidos. ¿Respondemos humildemente y aceptamos la corrección como una oportunidad para convertirnos en una mejor versión de nosotros mismos? ¿O nos aferramos orgullosamente a nuestro viejo yo?

A los campeones les encanta entrenar. Les encanta ser corregidos, porque saben que eso los hará mejores. Esto es cierto en los deportes, los negocios, las relaciones y la espiritualidad. Es cierto en todas las áreas de la vida. ¿Eres entrenable? Algunas personas rechazan la corrección y la instrucción. Esto es un signo de arrogancia y mediocridad masiva. ¿Qué tan entrenable eres?

La madre Mary MacKillop tenía un gran amor por los pobres y una fuerte convicción de que todos los hombres y mujeres merecen ser educados. Los libros de historia están llenos de mujeres asombrosas que amaron profundamente y sirvieron poderosamente. Rezo para que puedan ser una piedra angular de inspiración para todos nosotros.

Hay un orgullo natural que todos sentimos con respecto a las cosas buenas que suceden en el lugar donde nacimos. Es por eso que la Iglesia siempre ha estado comprometida a celebrar a los hombres y mujeres santos de todos los lugares y tiempos. Tu patria, tu ciudad y tu parroquia necesitan más hombres y mujeres santos para celebrarlos. Las personas de tu lugar y tiempo necesitan más momentos santos para inspirarlas a descubrir su propia capacidad de bondad. ¿Estás listo para colaborar con Dios de una manera nueva y empezar a crear más momentos santos?

. . . .

PADRE,
Tus santos nos enseñan a vivir cuando la vida se pone difícil. Nos enseñan a soportar todo tipo de dificultades. Todos tenemos que lidiar con tiempos difíciles en nuestras vidas. Durante esos momentos de oscuridad y dificultad, recuérdanos sacar fuerzas de los ejemplos de Tus santos.
Amén.

20. ANTONIO DEL DESIERTO:

Sé Un Rebelde

. . . .

¿La cultura te está ayudando o lastimando?

ES IMPORTANTE rebelarse contra las cosas correctas, y jesús nos enseñó esto con sus palabras y acciones.

La cultura actual no quiere que te conviertas en la mejor versión de ti. La cultura actual no quiere que pienses demasiado en la vida. La cultura actual no quiere que tengas hambre de la verdad. La cultura actual no quiere que desarrolles tu ser espiritual. La cultura actual no quiere que tengas una maravillosa relación con Dios.

La cultura moderna solo quiere que sigas adelante, que seas un consumidor bueno, obediente y pequeño, y que no hagas demasiadas preguntas acerca de hacia dónde va todo el experimento. Quiero invitarte a que te rebeles contra eso. Quiero que te rebeles contra la cultura moderna.

Comparemos ahora la visión de Dios para ti y tu vida con la visión de la cultura moderna para ti y tu vida. Dios te ama profundamente y quiere que te conviertas en la mejor versión de ti. La cultura no se preocupa por ti y normalmente te conduce hacia una versión de ti que es de segunda clase. ¿Qué impulsa a Dios? El amor. ¿Qué es lo que impulsa a la cultura? El consumo. Casi todo lo que sucede en la cultura de hoy en día tiene como objetivo hacer que compres algo, te sienta inadecuado, o ambas cosas.

Hoy en día todo tiene una marca. ¿En qué utilizamos por primera vez las marcas? En el ganado. ¿En qué usamos las marcas después? En los esclavos. ¿Somos dueños de las marcas o las marcas son dueñas de nosotros? ¿Seguimos siendo los consumidores o estamos siendo consumidos? Tenemos que empezar a pensar a un nivel más profundo. ¿Somos ganado y esclavos o hombres y mujeres libres? Dios nos considera como hijos Suyos. Él nos creó libres y quiere mantenernos libres. La cultura nos ve como ganado y quiere convertirnos en esclavos. ¿Quieres ser hijo de Dios o esclavo de la cultura?

El problema es que la mayoría de nosotros pasamos mucho más tiempo escuchando a la cultura que escuchando a Dios. *Es hora de rebelarte.* Rebélate contra las cosas que buscan hacerte menos de lo que realmente eres.

¿Cómo eres llamado a rebelarte contra la cultura?

Rechaza la visión del mundo para tu vida, porque conduce al vacío y a la miseria, en esta vida y en la otra. Abraza y celebra la visión de Dios para tu vida, porque te conduce a la alegría y a la plenitud, ahora y para siempre.

La historia de nuestra gran fe está llena de ejemplos de hombres y mujeres que rechazaron la visión de la cultura en sus vidas. Antonio del desierto heredó una enorme fortuna como joven cuando sus padres murieron. La visión que la cultura tenía para él era vivir una vida de privilegio y de lujos como un rico terrateniente. Sin embargo, Antonio rechazó la visión de la cultura para su vida cuando escuchó las palabras de Jesús: «Si quieres ser perfecto, ve, vende lo que tienes y dáselo a los pobres, y tendrás tesoros en el cielo; y ven, y sígueme» (Mateo 19.21). Antonio vendió o regaló todas sus tierras y posesiones, donó su dinero para cuidar a los pobres, y se convirtió en un ermitaño. Con el tiempo desarrolló el estilo de vida monástico, y ahora es considerado el padre de todos los monjes.

Ahora, esta historia puede parecer alejada del mundo en el que vives. Pero reconsidéralo. ¿Fue difícil la decisión de Antonio? Sí. ¿Fue una decisión valiente? Sí. ¿Muchos de sus amigos pensaban que estaba loco? Sí. ¿Tuvo que superar sus propios deseos egoístas? Sí.

Tu mundo no es tan diferente. Cuando decidas caminar con Dios tendrás que tomar decisiones difíciles y valientes. Muchos de tus amigos pensarán que estás loco, y tú también necesitarás superar tus deseos egoístas. Tú y Antonio no son tan diferentes.

Rechaza la cultura moderna y la visión vacía del mundo para tu vida. Abraza a Dios. Serás más feliz.

· · · · · · · · · · · · · · · · · ·

SEÑOR,
Ayúdanos a darnos cuenta de que los santos eran personas corrientes que se pusieron a Tu disposición. Danos el valor de ponernos completamente a Tu disposición, para que juntos podamos colaborar de cualquier manera que imagines.
Amén.

21. NICOLÁS:
Lleva La Navidad En Tu Corazón

. . . .

¿Qué puedes aprender del verdadero Papá Noel?

ALGO CAMBIA cada año a medida que se acerca la navidad.

La gente se vuelve más alegre y despreocupada, considerada y generosa. En una palabra, a medida que se acerca la Navidad cada año, la gente se vuelve más humana. Hay algo en el espíritu de la Navidad que saca lo mejor de las personas.

La Navidad actual es una amalgama fascinante del nacimiento de Jesús y de la leyenda de un obispo del siglo cuarto. Hay algo acerca de la Navidad que atrae a la gente, incluso a los no cristianos, a celebrar.

Luego, por supuesto, está Papá Noel y la pregunta que la mayoría de los padres temen: ¿Papá Noel es real?

San Nicolás fue uno de los primeros obispos cristianos de la antigua ciudad griega de Myra (actual Demre, Turquía). Durante su vida se ganó la reputación por tener una preocupación poco común por las necesidades de su pueblo, y después de su muerte se hizo famoso como un gran hacedor de milagros.

Nadie sabe de dónde salieron el traje rojo y la barba blanca, pero Nicolás tenía un profundo conocimiento del método que Jesús usó durante su ministerio. Cuando lees los cuatro Evangelios, descubres que Jesús casi nunca predicó antes de atender alguna necesidad humana. Él curaba personas: hacía que los cojos caminaran o que los ciegos vieran. Alimentaba a los hambrientos, a menudo a miles de personas a la vez.

La preocupación de Jesús por las necesidades físicas y materiales de la gente es una de las cosas que lo distinguen de los líderes espirituales de su tiempo. No solo estaba interesado en el bienestar espiritual de la gente; estaba interesado en la persona en su totalidad. Nicolás entendió esto. Comprendió que es difícil escuchar la Palabra de Dios si tienes hambre y sed. Se dio cuenta de que es difícil creer en Dios si sus hijos se están muriendo de hambre. La pobreza ha sido un obstáculo en el camino hacia Dios para miles de millones de personas a lo largo de la historia, y sigue siendo un obstáculo hoy en día. Los santos se dieron cuenta de que cada uno de nosotros tiene el poder de ayudar a algunas personas a superar este obstáculo.

La verdad inquietante se manifiesta al reflexionar sobre dos preguntas simples: (1) ¿Existe realmente alguna buena razón por la que mil millones de personas vivas hoy en día se estén muriendo de hambre? (2) ¿Cómo es posible que permitamos que uno de cada cinco niños en Estados Unidos se acueste con hambre cada noche? Como cristianos, estamos llamados a servir a los hambrientos, a los solitarios, a los pobres, y a quienes no han tenido una educación. Ellos son nuestros hermanos y hermanas. Ellos son Jesús disfrazado; ellos son Jesús en medio de nosotros.

Hay muchas historias sobre San Nicolás. Son historias de amor y compasión. Son historias de autosacrificio y de gran generosidad. Es imposible saber si son ciertas, pero si no lo son, debemos hacerlas realidad con nuestras propias vidas.

Una de estas historias habla de un hombre viudo con tres hijas. Era viejo y pobre. Al no tener dinero para las dotes, tras su muerte, lo más probable es que sus hijas fueran vendidas como esclavas o como prostitutas. Una noche, mientras todos dormían, Nicolás pasó por la casa de la familia y arrojó una bolsa de terciopelo roja llena de monedas de oro por la ventana. El padre oyó el ruido y vio a Nicolás cabalgar, y pasó el resto de su vida alabando a Dios por enviarles a Nicolás.

Esta es solo una de las muchas maneras en que él intercedió generosamente por su pueblo, proveyendo para sus necesidades o dando regalos especiales en ocasiones significativas en sus vidas.

Interceder es una palabra hermosa; me encanta. Me encanta ver a alguien interceder para resolver un problema o mejorar una situación.

A lo largo de la historia, los líderes religiosos han tenido la reputación de estar desconectados de las realidades diarias de las personas a las que dicen servir. Es por eso que Jesús y los profetas fueron rechazados por muchos de los llamados líderes espirituales. Pero Nicolás tenía el corazón de un sirviente y estaba profundamente en contacto con las necesidades de su pueblo. De esta gran generosidad y consideración nació el Papá Noel. ¿Papá Noel es real? Sí, y su verdadero nombre es San Nicolás.

Durante mi niñez, la Navidad en la casa de Kelly en Beresford Road siempre fue interesante. Mis siete hermanos y yo nos sentábamos en la parte superior de los escalones y elegíamos a alguien para despertar a nuestro padre. Normalmente nos mandaba de vuelta a la cama las primeras dos o tres veces que lo despertábamos. Finalmente, mamá y papá se levantaban y bajábamos a abrir los regalos. Era un caos total, con papel de envolver por todas partes.

A mi padre le encantaba la Navidad. Le encantaba armar el árbol y poner los adornos, la misa de medianoche y la cena de Navidad. Nunca llegó a celebrar la Navidad de niño; él y su familia eran demasiado pobres. Así que le encantaba tener a sus ocho hijos alrededor de la mesa para cenar en Navidad. Todavía puedo ver la forma en que resplandecía cuando todos estábamos allí, su alegría era muy grande. Le encantaba la presencia de sus hijos.

No fue hasta después de la muerte de papá que empecé a escuchar historias de las cosas que él hacía por los menos afortunados. Sabía lo que era ser pobre y nunca lo olvidó.

Papá Noel viene una vez al año a nuestros centros comerciales; San Nicolás hizo algo todos los días para demostrar la generosidad de Dios a la gente de su tiempo. Mil quinientos años antes de que Dickens escribiera su obra, Nicolás de Myra ya estaba viviendo la lección central de *Un cuento de Navidad*: honrar la Navidad en tu corazón todos y cada uno de los días del año.

· · · · · · · · · · · · · · · · ·

PADRE,
San Nicolás llevaba la alegría y la generosidad de la Navidad a las personas durante todo el año. Llénanos también con el espíritu de la Navidad e inspíranos a compartir ese espíritu con otros cada día del año.
Amén.

22. MARÍA:

Hermosa Entrega

·················

¿Qué te impide entregarte completamente a Dios?

LOS SANTOS hicieron las cosas de todo corazón. Centraron su corazón, su amor, su atención. Con demasiada frecuencia dividimos nuestros corazones. Esa división nos disminuye y el impacto que Dios quiere tener a través de nosotros.

Durante las últimas dos décadas, he hablado en muchos centros de recuperación de adicciones. Muchos de estos lugares usan *El ritmo de la vida* como parte de su programa, en parte porque discuto en el libro cómo todos luchamos contra la adicción, pero sobre todo porque, entre todos mis libros, creo que ese es el más adecuado para cualquiera que esté experimentando una transición.

Hace poco estuve hablando con mi amigo Tony, que ha trabajado con adictos durante más de cuarenta años, y le pregunté cuál es la diferencia entre los que se recuperan y los que no. Permaneció pensando durante unos minutos, y luego contestó:

«Obviamente hay muchos factores. El más común que se

escucha es que la persona tiene que querer mejorar. Pero hay otra característica que me fascina y que es muy reveladora. Muchas de las personas que vienen a un centro de recuperación de adicciones están aquí porque la corte les dijo que tenían que hacerlo, o porque su cónyuge dijo que todo terminaría si no lo hacían. Diferentes personas responden a esto de diferentes maneras. Otros están aquí porque quieren enfrentar el problema, y a veces eso es cierto pero otras veces no. Nuestra capacidad como seres humanos para engañarnos a nosotros mismos es tremenda.

"Pero lo que busco es esto: muchas personas vienen y hacen todo lo que les pidas que hagan durante veintiún días o por el tiempo que estén aquí. Yo llamo a esto cumplimiento. Ellos cumplen, pero el principal motor de su cumplimiento, de su motivación, no es la recuperación, sino escapar. Solo quieren salir de aquí.

"El segundo tipo de respuesta va mucho más allá de la conformidad para entregarse. En mi experiencia, a menos que alguien esté dispuesto a entregarse, la recuperación es improbable».

Fue una conversación fascinante. Este paradigma se aplica en muchos ámbitos, pero especialmente en nuestra práctica del cristianismo. Hay millones de cristianos que son razonablemente obedientes. Van a la iglesia el domingo y participan en otras actividades cristianas, pero nunca se entregan a Dios.

Tal vez esta sea una de las diferencias que definen a los santos y al resto de nosotros: van mucho más allá de la conformidad y de la entrega. Entregan su ser y sus vidas a Dios, y entonces comienzan a suceder cosas asombrosas.

María es el ejemplo perfecto de la entrega. Su sí épico ha resonado a lo largo de la historia. Su sí fue de todo corazón. Y los santos la consideraban un modelo de entrega.

Me gusta imaginar a María sentada con los primeros cristianos. Estoy seguro de que estos le transmitieron preguntas y preocupaciones, problemas y dificultades, buscando orientación y consejo. Me pregunto qué les habrá dicho ella. Me pregunto cómo los alentó.

La vida gira en torno a las decisiones. Constantemente tomamos decisiones, y las decisiones que tomamos hoy determinan en quiénes nos convertimos mañana. ¿Eres un mejor tomador de decisiones hoy que hace un año? La toma de grandes decisiones está en el centro de la vida cristiana. Dios quiere que te conviertas en un excelente tomador de decisiones. Quiere enseñarte cuándo decir sí y cuándo decir no. Él quiere que tu sí sea apasionado y quiere que tu no sea firme. Este no es solo uno de los sueños de Dios para ti, es también el sueño de todos los padres. Los padres quieren que sus hijos tomen decisiones maravillosas. Gran parte de la preocupación de los padres proviene de la preocupación de que sus hijos no tomarán buenas decisiones.

María y los santos nos enseñan a tomar buenas decisiones. Nos aconsejan que tomemos las grandes decisiones de nuestras vidas y nos sentamos con Dios y le preguntamos: «Dios, ¿qué crees que debo hacer?». Nos animan a hacer una pausa durante el día para consultar a Dios en las decisiones más pequeñas. Con cada año que pasaba, ellos alineaban sus decisiones más y más con los caminos y la voluntad de Dios. Pero la mejor decisión que tomaron en la vida fue entregarse a Dios y a sus planes.

¿Qué te impide entregarte completamente a Dios?

· · · · · · · · · · · · · · · · · ·

MARÍA, MADRE DE DIOS, REINA DE LOS ÁNGELES,
sostenme en Tus brazos y consuélame en tiempos
de desengaño y desilusión. Cuida a mis hijos,
mantenlos cerca de Ti, y protégelos de todo daño.
Comparte Tu sabiduría con nosotros, así como lo
hiciste con la Iglesia primitiva, para que podamos
llegar a ser excelentes tomadores de decisiones
e inspirar a la gente de nuestro tiempo a amar
profundamente a Dios y a los demás.
Amén.

23. RALPH:

Amor Por El Aprendizaje

. . . .

¿Qué estimula tu curiosidad y deseo de aprender?

ES IMPOSIBLE dividir el amor; el amor verdadero solo sabe multiplicarse. Nunca supe que amaría tanto a alguien como amé a mi primer hijo, Walter, cuando nació, pero descubrí que estaba equivocado cuando llegó Isabel. Inmediatamente sentí tanto amor por ella como por su hermano mayor.

Tener más hijos expande el amor de un padre y una madre; no lo divide. ¿De dónde salió todo ese amor adicional? En cierto modo, con cada hijo con el que Dios me ha bendecido, el amor en mi corazón ha aumentado infinitamente. Es difícil de describir. Los amas a todos de una manera diferente, pero con la misma intensidad. Y amarlos a todos de una manera diferente expande la manera en que amas a los demás. Mis ojos se llenan de lágrimas solo de pensar y escribir sobre ello. Sé tanto lo que significa amar que duele.

Mi padre nos decía a mis hermanos y a mí que éramos su tesoro, pero no fue hasta que tuve mis propios hijos que realmente entendí lo que él quería decir y cuánto nos amó. Ralph Bernard es mi cuarto hijo y fue llamado así en honor al abuelo materno de mi esposa y a mi padre. Comparte su segundo nombre no solo con mi padre, sino también con mi hermano mayor, Mark, quien murió en un accidente automovilístico diez años antes de que naciera Ralph. Mi hijo Ralph nació el día del cumpleaños de Mark, un conmovedor recordatorio del círculo de la vida.

San Ralph fue un obispo benedictino del siglo nueve conocido por su liderazgo y su amor por el aprendizaje. El amor por el aprendizaje es una de las características esenciales de la vida. Cuando vamos a las reuniones escolares, hay una cosa que siempre les digo a los maestros de mis hijos: «No me importa si mi hijo es el primero o el último de la clase. Estoy más interesado en ayudarle a desarrollar un amor por el aprendizaje. Si le gusta aprender, aprenderá todos los días por el resto de su vida, y vivirá una vida rica y plena».

A veces parece que la educación moderna es una forma de brutalidad. En el Evangelio de Mateo Jesús cita a Isaías: «No quebrará la caña doblada y no apagará la mecha humeante, hasta que haga triunfar la justicia» (Mateo 12.20). Educar a los hijos requiere fuerza, pero también suavidad. Sus pequeñas almas necesitan ser tratadas con cuidado. Todos somos diferentes y nos desarrollamos a diferentes velocidades. Todos tenemos diferentes dones, y cuando tratamos de obligar a todos los niños a entrar en el mismo molde, esto hiere sus pequeños espíritus y a menudo mata su amor por el aprendizaje.

Mi precioso Ralph tiene una hermosa curiosidad. Esta surgió de forma muy natural, al igual que con sus hermanos y hermanas. Actualmente, el reto que tenemos como padres es nutrirla con paciencia.

La paciencia es una de las mayores lecciones que nos enseñan los santos. Se esforzaron por ser pacientes en todo, y esto nos recuerda que la paciencia es una de las virtudes fundamentales. ¿Qué tan paciente has sido hoy? Obviamente, la mayoría de los santos no tenían niños pequeños para criar, y los niños tienen una habilidad única para poner a prueba los extremos de nuestra paciencia. Estamos llamados a ser pacientes con los demás, así como con nosotros mismos. Una de las áreas en las que más necesitamos ser pacientes con nosotros es en lo que respecta a nuestro desarrollo espiritual. Es muy fácil desanimarse.

El aprendizaje continuo juega un papel muy importante en recordarnos que debemos ser pacientes con nosotros mismos y ayudarnos a crecer de formas nuevas y emocionantes en términos espirituales. Los santos aprendían continuamente. Les encantaba aprender acerca de Dios y las Escrituras, descubrir a la persona en quienes fueron creados y crecer espiritualmente.

¿Sabes más sobre la fe que hace un año? ¿Cuánto has aprendido sobre la vida espiritual en los últimos doce meses? La mayoría de la gente no está llamada a hacer un estudio formal de la fe, pero todos estamos llamados a aprender un poco más cada semana, mes y año. Durante años he estado animando a la gente a leer cinco páginas de un gran libro espiritual cada día. Es asombroso lo mucho que aprendemos y crecemos en el transcurso de un año, y lo que aprendemos en una década si leemos solo cinco páginas al día.

Nunca ha sido más conveniente aprender continuamente sobre el genio de nuestra fe. Muchos de los santos nunca tuvieron un libro en sus manos.

. . . .

PADRE,

lléname de amor por el aprendizaje. Dame sed
de aprender y crecer en cada aspecto de la vida,
especialmente en términos espirituales. Ayúdame
a tener en mente que cuando estoy creciendo
espiritualmente, todos en mi vida se benefician de ello.
Amén.

24. SANTIAGO:

No Tengas Miedo

. . . .

¿Cuántas veces olvidas que estamos de paso por este lugar?

LA VIDA ES UNA peregrinación, pero a veces se necesita una peregrinación para ver tu vida como lo que realmente es.

He experimentado personalmente los efectos de la peregrinación que te cambian la vida, y durante décadas, he visto el impacto que tiene una peregrinación en personas de todas las edades. Cada año, Dynamic Catholic organiza peregrinaciones a Tierra Santa, a Fátima y Lourdes, a Roma y Asís, y a España para la experiencia del Camino de Santiago. Hombres, mujeres y niños de todas las edades se unen a estos grupos. Es inspirador ver la forma en que se unen como una comunidad de nuevos amigos, y es increíble ver la forma en que estos viajes transforman a las personas y sus vidas. Siempre sé que esto ocurrirá, pero aun así me sorprende. Es la gracia en acción frente a mis propios ojos, y nunca envejece. Ver a Dios obrar es algo que nunca pasa de moda.

También ha habido un número de veces en las que he tenido

que dar un paso atrás para tener una perspectiva de lo que estaba sucediendo en mi vida y a dónde me estaba llamando Dios. En *El ritmo de la vida* hablé de los seis meses que pasé en un antiguo monasterio al norte de Viena cuando yo tenía veinte años. Fue una experiencia muy especial por su impacto espiritual, así como por satisfacer mi necesidad humana de rejuvenecimiento.

A mediados de mi treintena, necesitaba otra vez nuevas perspectivas. En esta ocasión me sentí llamado a una experiencia muy diferente. Muchos años antes había conocido a una pareja de jubilados que acababan de regresar de España, donde habían recorrido el viejo camino a Santiago, comúnmente conocido como el Camino. Me contaron todo sobre su aventura e inmediatamente me sentí atraído por la idea de hacer esta peregrinación. Me tomó más de diez años embarcarme en el viaje, pero a veces es así como obra Dios. Él siembra una idea y crece en nuestros corazones y mentes hasta que estamos listos.

El Camino es una peregrinación de quinientas millas que comienza en el sur de Francia, se dirige al sur a través de los Pirineos, y luego gira hacia el oeste por el norte de España hasta Santiago de Compostela, en la costa oeste de España. Es allí donde está enterrado Santiago, el discípulo de Jesús.

Justo antes de ascender al cielo, Jesús instruyó a sus discípulos para que fueran a los confines de la tierra y predicaran la Buena Nueva del Evangelio a la gente de cada tierra. En esa época, esto significaba la costa oeste de España. El mundo conocido no se extendía más allá de esa región, y es ahí donde se cree que Santiago fue a difundir el Evangelio.

Desde entonces, los peregrinos han visitado Santiago, aunque las dos épocas de mayor popularidad han sido la Edad Media y la actualidad. En una cultura impregnada de hedonismo y materialismo, la gente está tan hambrienta como siempre de otro camino, un camino espiritual.

Todos necesitamos una peregrinación —un viaje emprendido por razones espirituales— de vez en cuando. Eso es bueno para el alma. Muchos peregrinos hacen un viaje sagrado para pedir el favor de Dios en una situación particular, mientras que otros viajan a un lugar santo para dar gracias a Dios por algunas bendiciones en sus vidas.

Me gustaría animarte hoy a que empieces a planear dos peregrinaciones. Primero, te invito a rezar y a soñar un poco. Si pudieras ir en una peregrinación a cualquier lugar del mundo, ¿adónde irías? Puede que tardes unos días en llegar a una respuesta, pero una vez que lo hagas, empieza a planear tu peregrinación. Aunque tengas que esperar cinco o diez años por razones financieras u otras razones prácticas, comienza a hacerlo hoy mismo.

La segunda peregrinación que me gustaría que empezaras a planear hoy es de carácter local. En la antigüedad, la gente peregrinaba a la catedral más cercana en un día santo. Esto puede haber requerido un viaje de diez, veinte o cincuenta millas. Con el transporte moderno que existe actualmente, dicho viaje es fácil de realizar. Así que, en los próximos treinta días, haz una peregrinación a una iglesia, capilla, santuario o catedral local. Conduce hasta allí, pasa un poco de tiempo en ese lugar sagrado y vuelve a casa.

Habla con Dios mientras te diriges allá; tal vez haya alguna intención especial que quieras llevarle. Cuando llegues al lugar, pasa algún tiempo en oración, agradeciéndole por todas las bendiciones de tu vida. Y mientras regresas a tu hogar, regocíjate en la vida que has recibido: todas las personas, experiencias y oportunidades.

Hay algo acerca de los viajes que nos recuerda que solo estamos de paso en este lugar al que llamamos tierra. Es fácil olvidar esta verdad esencial, y cuando lo hacemos, nuestros valores y nuestras vidas se distorsionan. Somos peregrinos en camino. La vida es una peregrinación, pero a veces necesitamos viajar para adquirir una perspectiva, para poder vivir nuestra única vida al máximo.

Los santos hacían retiros y peregrinaciones con frecuencia. Estas experiencias tienden a alinearnos poderosamente con Dios y nos dan el valor para seguir adelante. De lo contrario, es muy fácil sentirnos paralizados por el miedo.

¿Cuáles son tus miedos? ¿Por qué tenemos tanto miedo de amar? ¿Por qué tenemos tanto miedo de descubrir quiénes somos realmente? ¿Por qué tenemos tanto miedo de hacer aquello que amamos? ¿Qué miedo te retiene más en este momento de tu vida?

Las peregrinaciones crean una poderosa conexión entre Dios y su pueblo. Alejan nuestros miedos y nos llenan con el valor que necesitamos para vivir la vida que nacimos para vivir.

· · · · · · · · · · · · · · · · · ·

PADRE,
Dame el corazón de un peregrino. Ayúdame a ser consciente del hecho de que solo estoy de paso por este lugar al que llamamos tierra. Y lléname de valor para vivir la vida para la que me creaste.
Amén.

25. TODOS LOS SANTOS:
Ahora Es Tu Momento

. . . .

**¿Cómo puedes capturar de nuevo la
maravilla de la infancia?**

NO HAY NADA como el amor hermoso, alegre y divertido
de un niño. Mi hijo menor, Simon, entra y sale corriendo de mi
oficina en casa sin ninguna preocupación en el mundo. Después
de correr hasta el cansancio, se arrastra debajo de mi escritorio
y juega con un juguete. Luego, cuando necesita descansar, se
acuesta, descansando a veces su cabeza sobre las zapatillas de
piel de oveja que siempre uso en casa.

A veces dejo de escribir para que me invada la sensación de su
cabecita descansando sobre mis pies. Me pregunto cómo trans-
currirá su vida. Me pregunto qué le dará alegría y cuáles serán
sus pasiones. Me pregunto a quién amará y quién lo amará. Y
susurro una oración pidiendo a Dios que lo cuide.

El nombre Simon tiene una rica y fuerte tradición. El apóstol
San Simón fue uno de los primeros seguidores de Jesús, y dedicó su vida a compartir la historia de Jesús en Persia y Grecia.
Simón de Cirene ayudó a Jesús a cargar su cruz. Simón fue el
primero en reconocer públicamente a Jesús como el Mesías

cuando lo tomó en brazos en el templo.

Imagina estos momentos: Jesús invitando a Simón a seguirlo. Ese fue el momento de Simon. Simón de Cirene cargando la cruz. Ese fue su momento. Simeón sosteniendo al niño Jesús. Ese fue el momento de Simón.

Simon Francis recibió el nombre de mi segundo hermano mayor, Simon, y de Francisco de Asís. Me pregunto cuál será el momento de mi bebé Simon.

La vida de Jesús está llena de momentos poderosos, uno tras otro, y es fácil que perdamos de vista lo poderosos que fueron esos momentos. Y, sin embargo, cada escena es una invitación a adentrarnos más profundamente en el misterio de Dios y en el misterio de nuestro ser, en el misterio de las relaciones y en el misterio de la vida. Sin embargo, captamos la experiencia completa de las Escrituras por el simple hecho de ponernos en la escena que estamos leyendo. Solo imaginando que estamos allí, en esa situación, respirando el mismo aire que Jesús, oliendo el mismo aire que los discípulos, viendo los paisajes y escuchando los sonidos que se arremolinaban a su alrededor, descubrimos la amplitud y profundidad de cada pasaje.

Nuestras propias vidas también están llenas de momentos poderosos. La mayoría de ellos vienen camuflados en los eventos cotidianos de la vida. Así como es necesario disciplinarnos en el hábito da situarnos en cada escena al leer las Escrituras, también necesitamos disciplinarnos para estar presentes en los momentos de nuestra propia vida.

Es muy fácil ir por la vida como sonámbulos durante un día o incluso una semana, y al poco tiempo nos preguntaremos cómo pasaron los meses o los años. Estar presente y de manera consciente en cada momento de nuestra propia vida es una de las búsquedas más difíciles.

¿En qué momentos estuviste realmente presente hoy? ¿Con

qué personas estuviste realmente presente hoy? ¿O tu día fue absorbido por una gran cantidad de asuntos y tareas? En cada momento, estamos presentes o ausentes. Hacer dos cosas a la vez es no hacer ninguna. Cuando tratamos de hacer dos cosas a la vez, no honramos a otras personas, no nos honramos a nosotros mismos, y no honramos ningún trabajo o actividad que tengamos por delante.

El primer día de noviembre de cada año celebramos el día de Todos los Santos. Este día está diseñado para recordarnos que la mayoría de los santos no son canonizados; nadie sabrá nunca que fueron santos. También está diseñado para recordarnos que todos estamos llamados a ser santos, a nuestra manera, y en nuestro propio lugar y tiempo. Finalmente, este es un día de inspiración.

Las personas no hacen nada hasta que reciben inspiración, pero una vez se inspiran, no hay casi nada que no puedan hacer. Olvidamos esto con demasiada frecuencia. A veces menospreciamos incluso la inspiración, como si fuera menos importante que la filosofía y la teología. El Pentecostés deja ese error completamente al descubierto.

El cristianismo es esperanzador y positivo por naturaleza propia, y, sin embargo, es sorprendente lo negativos que podemos ser a veces como cristianos.

Los santos han estado proporcionando una inspiración enorme a personas de todas las edades durante dos milenios. Eran seres inspiradores; vivían vidas inspiradoras. Y sus historias siguen siendo inspiradoras hoy en día. Tal vez sea porque demuestran aquello que es posible. De alguna manera, capturaron de nuevo lo que significa ser un niño, se entregaron a Dios, y comenzaron a suceder cosas asombrosas.

Ya ha llegado tu turno. Dondequiera que hayas estado, o lo que hayas hecho, creo firmemente que Dios te está invitando ahora mismo a un período muy nuevo y especial en tu vida. ¿Te abrirás a esto?

Deja a un lado tu dolor y tu vergüenza, deja a un lado cualquier sentimiento negativo que tengas sobre ti, deja a un lado cualquier idea autolimitada con la que tú u otros hayan llenado sus mentes, y permite que Dios haga lo que mejor sabe hacer: sacar lo mejor de las personas.

¿Por dónde empiezas? Con momentos sagrados. Empieza a crear momentos sagrados. Uno hoy. Dos mañana. Seis el próximo jueves. El mundo necesita un cambio; todo el mundo sabe esto. Pero necesitamos dejar de buscar soluciones mundanas a nuestros problemas espirituales. Los momentos sagrados son la respuesta.

¿Qué necesita el mundo? ¿Qué necesita nuestra nación? ¿Qué necesita la Iglesia? ¿Qué necesitan tu matrimonio y tu familia? ¿Qué necesitan tus hijos? ¿Qué necesitan tus amigos y colegas en el trabajo? Momentos sagrados.

Los momentos sagrados son justo lo que se necesita. Y si tú y yo no los creamos ahora, ¿entonces quién y cuándo? ¿Cuánto tiempo más podemos patear la lata oxidada espiritual y moralmente en bancarrota a lo largo del camino?

En cada lugar y tiempo, Dios levanta a las personas para crear momentos santos. Dios quiere levantarte en tu lugar y en tu tiempo. La pregunta es, ¿estás listo para colaborar con Él, o te sientes cómodo dejando que la vida te siga pasando de largo?

· · · · · · · · · · · · · · · · · ·

SEÑOR,
Acércame a Ti más que nunca en mi vida, para poder escuchar Tu voz y responder a Tu llamado.
Amén.